Marcus Landau

Die italienische Literatur am österreichischen Hofe

Marcus Landau

Die italienische Literatur am österreichischen Hofe

ISBN/EAN: 9783743447943

Hergestellt in Europa, USA, Kanada, Australien, Japan

Cover: Foto ©Thomas Meinert / pixelio.de

Weitere Bücher finden Sie auf **www.hansebooks.com**

DIE

ITALIENISCHE LITERATUR

AM

ÖSTERREICHISCHEN HOFE.

VON

Dr. MARCUS LANDAU.

WIEN.
DRUCK UND VERLAG VON CARL GEROLD'S SOHN.
1879.

Vorwort.

Eines der vorzüglichsten Merkmale für den Werth und die Bedeutung einer Literatur ist ihre Verbreitung ausserhalb ihres Nationalgebiets, die auch gewöhnlich am ausgedehntesten zur Zeit ihrer höchsten Blüthe ist. Diese aber fällt oft mit der kräftigsten Entfaltung der Staatsmacht zusammen, so dass man die Wirkung des innern Werths der Literatur an sich nicht von dem durch die staatliche Macht ausgeübten Einflusse unterscheiden kann. Mitunter ziehen die Musen im Gefolge des Kriegsgottes, und wer weiss, ob die römische Literatur in Gallien solche weite Verbreitung gefunden, wenn nicht Cäsar mit seinen Legionen ihr den Weg gebahnt hätte.

Es ist ein Beweis für den hohen Werth der italienischen Literatur, dass sie unabhängig von der Macht der Waffen, ja zumeist erst, als das ermattete Italien zum Kampfpreis der Fremden geworden war, das höchste Ansehen im Auslande erlangte. Ihre Dichter und Künstler trugen sie nach Deutschland, England und Frankreich; überall machte sich ihr Einfluss auf die grössten Dichter fühlbar, während emsige Kaufleute die italienischen Laute in allen Welttheilen verbreiteten, die Sprache Dante's zur Geschäftssprache eines grossen Theils des Orients machten.

Eine Geschichte der Verbreitung der italienischen Literatur und ihres Einflusses auf die Literaturen der andern Völker wäre eine schwierige aber lohnende Aufgabe für einen italienischen Patrioten. Die folgenden Blätter, in welchen ein Oesterreicher diese Aufgabe für einen Theil des weiten Gebiets zu lösen versucht, mögen Andere ermuntern, Besseres und Vollständiges zu leisten.

W i e n, im Juni 1879.

Einleitung.

Wenn man von den fürstlichen Beschützern und Förderern der italienischen Literatur spricht, so nennt man die Medici und die Este, aber nie die Habsburger; und doch hat es eine Zeit gegeben, wo dieses Herrscherhaus sich um die italienische Literatur verdient machte. Freilich wäre diese Literatur auch ohne die Gunst der Fürstenhäuser, ohne „Medicäer's Güte" das geworden, was sie ist. War es doch die Republik Florenz, welche in ihrer vollen Jugendkraft die drei grossen Meister: Dante, Petrarca und Boccaccio erzeugte. Die Gunst der Medici war mehr den Künstlern und Gelehrten als den Dichtern gewidmet, und die zwei grössten Dichter der zweiten Glanzepoche — Ariost und Tasso — hatten fast gar keine Beziehungen zu den Medicäern. Und was sind denn die Verdienste des Hauses Este um die italienische Literatur? Die schnöde Behandlung Ariost's, die grausame Tasso's waren der Lohn für die Verse, welche die Beherrscher von Ferrara unsterblich machten.

Auch das Haus Habsburg kann sich nicht rühmen, der italienischen Literatur neue Bahnen gewiesen oder ihr zu einer zweiten Auferstehung verholfen zu haben — das kann überhaupt kein Fürstengeschlecht allein thun — und es ist wohl stark übertrieben, wenn ein italienischer Literaturhistoriker am Anfang des vorigen Jahrhunderts sagte: „Wenn auch die Italiener ihre Sprache geschaffen haben, so kann man doch mit Recht behaupten, dass sie durch das erlauchte Haus Oesterreich den Gipfel der Grösse und des Glanzes erreicht hat"[1].

---

[1] Crescimbeni, G. M. Commentarj intorno alla sua storia della volgar poesia. Venezia 1730—31. vol. I. libro 2. cap. 19. S. 181.

Aber das Kaiserhaus hat sich doch manche Verdienste um italienische Dichter erworben, es hat zu mancher Zeit auf das geistige Leben Italiens fördernd eingewirkt, und man würde es vielleicht dankbar neben den nationalen Dynastien nennen, wenn nicht die Ereignisse des jetzigen Jahrhunderts eine weite Kluft zwischen dem italienischen Volksgeiste und dem österreichischen Herrscherhause gerissen, die früheren Verdienste in Vergessenheit gebracht hätten.

Eine Schilderung jener friedlichen Zeit, in der die Habsburger lebhaftes Interesse an der italienischen Literatur bethätigten, italienische Gelehrte und Dichter an ihren Hof zogen und in ihren italienischen Provinzen Aufklärung und Fortschritt mehr begünstigten und förderten als die einheimischen Fürsten, dürfte vielleicht dazu beitragen, schmerzliche Gefühle zu beruhigen, die Erinnerung an erbitterte Kämpfe abzuschwächen und das friedliche Nebeneinandergedeihen zweier Staaten zu befördern.

I.
Friedrich III.

Seit dem Tage, da Dante sehnsüchtig einen deutschen Kaiser herbeiwünschte, und einem Habsburger vorwarf, dass er Italien, „den Garten des Reiches", verlassen, bis zu jenem Tage, wo der Ruf erscholl: „Hinaus mit den Deutschen!", haben die Berührungen des Hauses Habsburg mit Italien, sei es friedlicher, sei es feindlicher Natur, nicht aufgehört, waren die gegenseitigen Einflüsse auf das geistige Leben fast ununterbrochen fühlbar.

Als Kaiser Friedrich III. — dessen Grossmutter, die Gattin Herzog Leopold's III., eine Italienerin, die Tochter des Barnabas Visconti war — im Februar 1452 mit seiner Braut, Eleonore von Portugal, in Siena zusammentraf, wurde er von der kleinen Republik mit ausserordentlichen Ehrenbezeugungen empfangen, und noch jetzt erinnert eine Granitsäule am Eingange der Stadt und ein Gemälde im Dom an das freudige Ereigniss. Frau Battista Petrucci hielt eine glänzende lateinische Anrede an die Braut, und diese erwirkte ihr zur Belohnung von den Behörden der Republik die Erlaubniss, trotz der bestehenden Luxusgesetze kostbare Kleider und Schmuck tragen zu dürfen. Der Kaiser aber erwirkte die Begnadigung der politischen Gefangenen der Republik [1]).

Unter den Personen, welche den Kaiser auf dieser Reise begleiteten, befand sich einer der interessantesten und gelehrtesten Männer seiner Zeit. Es war der Secretär des Kaisers,

Aeneas Sylvius Piccolomini.

Im Jahre 1405 in Siena geboren, trat er jung in den geistlichen Stand, diente dann bei verschiedenen Kirchenfürsten, und

---

[1]) L'incontro di Federigo Imperatore con Leonora di Portogallo. Narrazione e descrizione storica per Luigi Fumo e Alessandro Lisini. Siena 1878. — Historia desponsationis et coronationis Friderici III. bei Pez, Scriptores rerum Austriacarum. Leipzig 1725. Bd. II. 569 sq. — Aeneae Sylvii historia Friderici III. Imperatoris. Helmstadt 1700. S. 140—142.

zeichnete sich auf dem Concil von Basel als glänzender Redner und eifriger Vertheidiger der Rechte dieser Kirchenversammlung gegen den Papst aus. Vom Gegenpapste Felix V. als Gesandter zum Kaiser geschickt, wusste er sich dessen Gunst zu erwerben und ward sein Secretär. Vom Kaiser zum Papst als Gesandter geschickt, wusste er den von ihm geschmähten und bekämpften Eugen IV. so für sich zu gewinnen, dass er ihn zu seinem Secretär und Bischof von Triest ernannte. Von Calixt III. zum Cardinal ernannt, folgte er ihm 1458 auf dem päpstlichen Stuhl als Pius II. und starb sechs Jahre darauf, als er mit den Vorbereitungen zum Kreuzzuge gegen die Türken beschäftigt war.

Von seinen vielen, in elegantem Latein geschriebenen Werken sind die für uns interessantesten: die Geschichte Kaiser Friedrich's III., die Geschichte seiner Zeit, die von Protestanten besonders geschätzte Geschichte des Basler Concils und der höchst interessante, ziemlich schlüpfrige Roman „Euryalus und Lucretia", dessen Held der kaiserliche Kanzler Kaspar Schlick sein soll. Dieser Roman, welcher die Gefahren der Liebe und ihre traurigen Folgen schildert, zeigt grosse Kenntniss des menschlichen Herzens. Auch seine eigenen, wie ein gut katholischer Historiker meint, nicht eben platonischen Liebesabenteuer, soll der fromme Papst und Türkenfeind in einer seiner lateinischen Episteln erzählt haben.

Wenn auch Piccolomini vom Kaiser vorzüglich wegen seiner staatsmännischen Fähigkeiten geschätzt wurde, so können wir ihn doch als den ersten gelehrten Italiener betrachten, welcher die Gunst eines Kaisers aus dem Hause Habsburg genossen hat, und er hat sie durch seine Leistungen redlich verdient [1]).

---

[1]) Wachler, Dr. L. Geschichte der historischen Wissenschaften. Göttingen 1812. Bd. I. 120. — Tiraboschi, G. Storia della letteratura italiana. Florenz 1807. tomo VI. parte II. libro III. cap. I. 21. — Corniani, Giamb. I secoli della letteratura italiana. Epoca III. art. 17. vol. I. 176. Mailand 1832. — Ein unparteiisches, erschöpfendes Urtheil über Pius II. gibt Jacob Burckhardt in seiner Cultur der Renaissance. Basel 1860. S. 180. 181. 298. 348.

II.
Karl V., Max II. und die Ferdinande.

1. Luigi Alamanni.

Am Ende des 15. Jahrhunderts begannen die Kämpfe zwischen Frankreich, Spanien und Oesterreich um die Oberherrschaft in Italien, und da nahmen die italienischen Dichter bald für die eine, bald für die andere Macht Partei.

Ariost rief den Franzosen die drohenden Worte zu: „Kommt ihr als Bundesgenossen Italiens gegen andere Barbaren, so erwerbt ihr Sieg und Ehre; kommt ihr aber als Herrscher und Eroberer, so erwartet euch ein offenes Grab"[1]).

Der Florentiner Luigi Alamanni aber, der Dichter des „Landbaues" (1495—1556), der in französischen Diensten stand, nannte den kaiserlichen Adler „das räuberische Thier, das zwei Schnäbel hat, um mehr fressen zu können". Als er dann als Gesandter des Königs von Frankreich an den Hof Karl's V. kam, und diesem viel Schmeichelhaftes sagte, recitirte ihm der Kaiser als Antwort die bissigen Verse. Der Dichter liess sich aber nicht aus der Fassung bringen, und antwortete: „Jene Verse schrieb ich als Dichter, dem es erlaubt ist Unwahres zu sagen; jetzt aber spreche ich als Botschafter, der von der Wahrheit nicht abweichen darf". Eine Regel, die, nebenbei gesagt, auch die Botschafter nicht immer beobachten, selbst wenn sie in ihrer Jugend keine Dichter waren.

2. Peter Andreas Mattioli.

Nicht nur Kaiser Karl V., auch sein Bruder Ferdinand I. (reg. 1556—1564) sprach gut italienisch, und des letztern Sohn, Kaiser Max II. (1564—1576), hatte auch Kenntniss der italienischen Sprache, sprach sie aber nicht sonderlich gut[2]). Sein Leib-

---

[1]) Orlando Furioso. Canto 33 st. 12.
[2]) Vehse, Dr. Ed. Geschichte des österreichischen Hofes und Adels und der österreichischen Diplomatie. Hamburg 1852. Bd. 2. S. 203 und 254.

arzt war ein Italiener, Peter Andreas Mattioli aus Siena (1501—1577), der im Jahre 1552 an den österreichischen Hof berufen wurde, nachdem er in Trient und Görz die ärztliche Praxis ausgeübt hatte. Sein Hauptwerk ist eine Uebersetzung des Dioscorides mit ausführlichem Commentar, welches 1544 in Venedig erschien. In der 1558 erschienenen verbesserten Ausgabe nennt er als Förderer und Unterstützer dieses kostspieligen Werks die beiden Kaiser Ferdinand I. und Maximilian II., die Erzherzoge Ferdinand und Karl, sowie den Kurfürsten von Sachsen und andere deutsche Fürsten. Dieses Werk wurde mehrmals aufgelegt, in's Deutsche, Französische und Hebräische (?) übertragen. Mattioli übersetzte auch die Geographie des Ptolemäus in's Italienische, schrieb fünf Bücher medicinischer Briefe und ein ganz unbedeutendes italienisches Poem „Il magno palazzo del Cardinale di Trento" in 453 achtzeiligen Stanzen (Venedig 1539). Er wurde noch im vorigen Jahrhundert als Botaniker geschätzt und ist der erste Arzt, von dem man mit Sicherheit weiss, dass er das Quecksilber innerlich angewendet hat.

Ein Zeitgenosse Mattioli's war der Mailänder Geronimo Bossi, welcher ein Epos in zehn Gesängen (La genealogia della gloriosissima casa d'Austria, Venedig 1569) zur Verherrlichung des Hauses Oesterreich schrieb [1]).

3. Italienische Prinzessinnen.

Mit dem Frieden von Chateau Cambresis (1559) begann eine Epoche der Ruhe für Italien, und alle unruhigen Köpfe, alle thatendurstigen Soldaten, die in ihrer Heimat keine Beschäftigung fanden, zogen nach dem Auslande, vorzüglich nach Frankreich, Deutschland und Oesterreich, um Ruhm und Reichthum zu gewinnen. In Oesterreich waren es die Türkenkriege, die innern Unruhen und der dreissigjährige Krieg, welche ihnen ein

---

[1]) Karl Sprengel, Versuch einer pragmatischen Geschichte der Arzneikunde. Halle 1801. Achter Abschnitt, 46. Bd. III. 90. — Tiraboschi l. c. tomo VII. parte II. libro II. cap. III. 1. S. 585—592. — Oesterreichische National-Encyklopädie (Gräffer und Czihann). Wien 1835—37. Bd. III. S. 594. — F. X. Quadrio. Della Storia e della ragione d'ogni poesia. Mailand 1749. libro I. dist. III. cap. 9. particella 3. vol. IV. S. 146. 150.

lohnendes Feld für ihre Thätigkeit boten, und begannen schon unter Kaiser Rudolph II. italienische Edelleute in der Armee und am Hofe eine hervorragende Rolle zu spielen. Wir finden die Madruzzi, Collalto, Belgiojoso, Piccolomini, Strassoldo u. s. w. unter den österreichischen Generalen; die Spinola und Colloredo als Kammerherrn, einen Grafen Trivulzi als Oberststallmeister, Julius Cäsar Gonzaga als Mundschenken des Kaisers. Dessen Sohn Hannibal Gonzaga ward unter Kaiser Leopold I. Feldmarschall und Präsident des Hofkriegsraths. Ottavio Cavriani aus Mantua war einer der Erzieher des Erzherzogs Mathias und später dessen Oberststallmeister. Nach der Besiegung der Böhmen in der Schlacht am weissen Berge wurden viele Italiener in den deutschen Reichsfürstenstand erhoben; Piccolomini erhielt nach dem Sturze Wallenstein's von Kaiser Ferdinand II. die grosse Herrschaft Nachod zum Geschenk. Unter diesem Kaiser waren die Musiker der Hofcapelle meistens Italiener, und an ihrer Spitze stand der Hofcapellmeister Johann Valentini [1]).

Es ist selbstverständlich, dass Soldaten, Abenteurer und Musikanten zur Verbreitung der italienischen Literatur in Oesterreich kaum etwas beitragen konnten; doch bildeten sie immerhin eine lebendige Verbindung mit Italien, gaben Gelegenheit und Veranlassung zur Erlernung der italienischen Sprache, und bereiteten so den Boden für eine bessere Saat vor.

Reichere Förderung fanden die italienische Sprache und Literatur in Oesterreich durch die italienischen Prinzessinnen, welche an den kaiserlichen Hof kamen. Schon Kaiser Max I. hatte 1494 eine italienische Prinzessin, Maria Blanca Sforza, Tochter des Herzogs Galeazzo von Mailand, geheiratet; und von der Zeit an kamen während anderthalb Jahrhunderten unter jeder Regierung Verbindungen österreichischer Fürsten mit italienischen Prinzessinnen vor, welche zur Verbreitung italienischer Sprache, Literatur und Kunst in Oesterreich beitrugen.

Von den Töchtern Kaiser Ferdinand's I. heiratete Katharina i. J. 1549 den Herzog Franz von Mantua, Eleonore seinen Bruder, den Herzog Wilhelm. Der bereits oben erwähnte Erz-

---

[1]) Vehse l. c. Bd. III. 29. 30. 31. 77. 214; IV. 45. 101.

herzog Ferdinand von Tirol, jüngerer Bruder des Kaisers Max II., heiratete 1582 (zwei Jahre nach dem Tode seiner ersten Gemalin Philippine Welser) die Prinzessin Anna Katharina, Tochter des Herzogs Wilhelm von Mantua, und die Tochter Anna aus dieser Ehe ward dann die Gemahlin des Kaisers Mathias. Die zweite Gemalin Kaiser Ferdinand's II. war ebenfalls eine mantuanische Prinzessin, Eleonore, Tochter des Herzogs Vincenz Gonzaga. Eine Cousine dieser Kaiserin, mit demselben Vornamen, Enkelin Karl's I. von Mantua, wurde 1651 von Kaiser Ferdinand III. geheiratet [1]).

Die Herzoge von Mantua hatten sich im sechzehnten Jahrhundert als Beschützer der schönen Wissenschaften und Künste einen guten Ruf in Italien erworben. Herzog Vincenz, der Sohn Eleonorens von Oesterreich und Schwiegervater Kaiser Ferdinand's II., war einer der Gönner Chiabrera's. Er hatte sich auch beim Herzog Alphons von Este Tasso's eifrig angenommen und den grossen unglücklichen Dichter einige Zeit an seinem Hofe behalten. Ein anderer Gonzaga, Curtius, schrieb ein Heldengedicht in 36 Gesängen (Il fido amante), das von Tasso gelobt wurde [2]. Allein im siebzehnten Jahrhundert veränderte sich der Charakter dieses Hauses und es fand sich in Italien keine fürstliche Familie, welche Literatur und Wissenschaft weniger förderte als diese. Nur das Theater fand in Mantua eifrige Pflege.

4. Kaiserin Eleonore.

Ausser den mantuanischen Prinzessinnen waren auch toscanische an den österreichischen Hof gekommen: Im Jahre 1626 heiratete Erzherzog Leopold V. von Tirol (Enkel Kaiser Ferdinand's I.) die Prinzessin Claudia Medici, Tochter des Grossherzogs Ferdinand I. von Toscana, und zwanzig Jahre später

---

[1]) L'Art de verifier les dates des faits historiques etc. Paris 1770. S. 453. 845. — Vehse l. c. II. 240. 241. IV. 69.

[2]) Tiraboschi l. c. tomo VII. parte III. libro III. cap. III. 47. S. 1258; tomo VIII. 2. libro III. cap. III. 2. S. 450. — Camillo Ugoni, Storia della letteratura italiana nella seconda metà del secolo XVIII. Vita di Ireneo Affo. Mailand 1856. Bd. III. S. 341. — P. Serassi. La vita di Torquato Tasso libro terzo. Florenz 1858. Bd. II. 172 sq.

heiratete dessen Sohn Erzherzog Ferdinand Karl die Prinzessin Anna Medici, Tochter des Grossherzogs Cosmos II. Sie und ihre Tochter Claudia Felicitas, welche den Kaiser Leopold I. geheiratet hatte, starben beide im Jahre 1676.

Unter den Novellen Lorenzo Magalotti's, der kurz vor ihrem Tode als toscanischer Gesandter nach Wien kam, findet sich eine recht hübsche Erzählung von der platonischen Jugendliebe der schönen, liebenswürdigen und gütigen Kaiserin Claudia Felicitas und des Grafen Sigismund von Arco, der sich nach ihrem Tode in eine Einsiedelei zurückzog.

Das Verhältniss zwischen der jungen Kaiserin und der Kaiserin Witwe Eleonore scheint kein besonders freundliches gewesen zu sein, wie aus den Berichten des schwedischen Gesandten Esaias Pufendorf zu entnehmen ist. „Die jetzige Kaiserin" — schrieb er 1674 — „ist eine wohlgewachsene Person, von hurtigem und lebhaftem Geist, so dass sie ihren Herrn aus seinem trüben in guten Humor setzen kann; sie wird von ihm gar werth gehalten, zumal da sie gleiche Neigung zu Jagd und Musik hat, auch selbst auf Instrumenten wohl spielt und singt. Die Kaiserin Witwe wird insgemein für eine Dame von grossem Witz und Scharfsinn gehalten; ehe der Kaiser sich verheiratet, so wie bei Lebzeiten der ersten Gemalin, stand sie bei Hof in grosser Macht und hohem Ansehen, so dass durch ihren Beistand Sachen von Wichtigkeit durchgesetzt werden konnten. Allein nachdem die jetzige Kaiserin an den Hof gekommen, hat ihre Autorität sich nicht wenig verloren, wie man denn insgemein die aufsteigende Sonne mehr als die niedergehende anbetet" [1]).

Da jedoch die junge Kaiserin bald darauf starb, so blieb das Ansehen der Kaiserin Witwe Eleonore unerschüttert und übte sie durch mehr als dreissig Jahre grossen Einfluss aus. Sie bildete einen Haupt- und Mittelpunkt des Hofes ihres Stiefsohnes, des Kaiser Leopold, hielt in ihrer Residenz (im jetzigen Augarten) einen überaus stattlichen Hof und gab bis in ihr spätestes Alter die glänzendsten und angenehmsten Feste, Comödien,

---

[1]) Wochenschrift für Wissenschaft, Kunst und öffentliches Leben (Beilage zur k. k. Wiener Zeitung vom 1. März 1862). S. 33.

Ballete u. s. w. Durch ihre Tochter Eleonore Maria, welche 1678 den Befreier Wiens von den Türken, Herzog Karl von Lothringen heiratete, ward sie die Urgrossmutter des nachmaligen Kaiser Franz I.[1].

Sie schrieb auch italienische Gedichte, meistens religiösen Inhalts, von denen uns Crescimbeni in seiner Literaturgeschichte als Probe das Madrigal an den heiligen Dominik
Servo fedel al tuo Signor e Dio
mittheilt. Ein anderes Gedicht von ihr
D'amor le forze sono si potenti
findet sich handschriftlich in der Wiener kais. Hofbibliothek (Cod. 9401* Fol. 6).

5. Italienische Akademie in Wien.

Kaiser Ferdinand III., von dem sein Bruder sang:
Fonda Cesare il scettro
E su la spada e sul canoro plettro (Diporti S. 98)
schrieb viele italienische Gedichte und soll, wie Quadrio sagt, ein Band derselben unter dem Namen des Accademico Occupato erschienen sein. Er hat auch die Philippiken des Demosthenes ins Italienische übersetzt. Im letzten Jahre seiner Regierung gründete er in Wien eine italienische literarische Akademie, deren Sitzungen in der kaiserlichen Burg gehalten wurden. Unter den Mitgliedern werden Graf Raimund Montecuccoli, Graf Franz Piccolomini, Baron Bucceleni, Baron Vertemate, Marchese Mattei, Marchese Gilbert Pio, Graf Elci, der toscanische Gesandte Marchetti und Abate Spinola genannt. Auch Erzherzog Leopold (der nachmalige Kaiser) scheint Mitglied gewesen zu sein.

Wie aus den wenigen erhaltenen Sitzungsberichten dieser Akademie (aus dem Jahre 1657 im Codex 10108 der Wiener kais. Hofbibliothek) zu ersehen ist, diente sie neben der Pflege der italienischen Dichtkunst vorzüglich der ehrbaren Unterhaltung (virtuoso trattenimento). In jeder Sitzung, welche in Gegenwart

---

[1] Vehse l. c. IV. 319. 321. — Vergl. auch C. v. Wurzbach, Biographisches Lexikon des Kaiserthums Oesterreich s. v. Habsburg. Bd. VI und VII passim.

des Kaisers und der Kaiserin stattfand, wurde ein Thema aufgegeben, über welches von den Mitgliedern pro und contra gesprochen wurde; dann ward Musik gemacht und wurden, theils von Akademikern, theils von Fremden verfasste italienische Gedichte vorgetragen. So in der Sitzung vom 7. Januar 1657 ein Madrigal des Erzherzogs Leopold auf die neugegründete Akademie:

> Per approdar di sapienza al porto
> S'ad altri scorta fu fausta una stella,
> O valorosi voi
> Non men che saggi eroi,
> Or piu felici siete
> Che per salir di Parnasso sul monte
> Cinga lauro immortal la vostra fronte.
> Per guida e scorta avete
> Non celeste facella,
> Ma i piu chiari splendori
> Di quest' orbe terren lumi maggiori,
> Dui Austriaci soli,
> Di cui la fama sona infra i dui poli,
> Ch' ammira il ciel, la terra e' il mar adora:
> Fernando è un Sol, e un' Sole Eleonora.

In einem andern Gedicht von Marchetti ladet die Stadt Wien den Danubius zur Eröffnung der Akademie ein.

Unter den Fragen, über die disputirt wurde, finden wir folgende: Ob die Schönheit des Körpers oder der Seele vorzuziehen sei? Ob die Eifersucht eine angenehme oder quälende Begleiterin der Liebe ist? und macht es auf uns einen sonderbaren Eindruck, wenn bei dieser Gelegenheit der grosse Feldherr Montecuccoli um das Angenehme der Eifersucht zu beweisen Sannazaro, Testi, Marino und Guarini citirt, und dann noch ein Sonett über die Vorzüge des Wetteifers

> Fulmin destruggitor Nemeo leone
> Torrente che orgoglioso inghiotte e atterra
> È l' African là nell' Ausonia terra
> Finche l' oste romana a lui s' oppone.
> etc.

declamirt.

In einem andern Manuscript der Hofbibliothek (Cod. 9954) finden wir Berichte über die Sitzungen im Jahre 1674 unter dem Vorsitze des Kaisers Leopold I. und der Kaiserin Claudia Felicitas.

Als Anwesende werden genannt: Nicolaus Minatti, Galeazzo Gualdo Priorato, Fontana, Tintoro, Bonini, Sbarra. Die Themata sind:

Ob die Tugend in der Einsamkeit oder in der Gesellschaft leichter erworben wird?

Ob ein Liebhaber in Gegenwart seiner Dame erblassen oder erröthen soll?

Ob die Frauen mehr eitel oder mehr neugierig sind?

Zur Zeit des Carnevals wird ein komisches Thema aufgegeben: Wenn Amor an den Hof käme, welches Amt könnte man ihm übertragen? Mit einer für eine Akademie unter kaiserlichem Vorsitze überraschenden Unbefangenheit werden da die verschiedenen Hofämter und Amors Befähigung dazu durchgegangen, und entscheidet Minatti, dass der Liebesgott für jedes Amt passe.

Als Zweck der Akademie gibt Priorato an: Den Verstand zu schärfen, den Witz zu üben, Neues zu lernen und angenehme Erholung zu gewähren.

Unter den vorgetragenen Gedichten finden wir ein Hohngedicht auf den König von Frankreich von Piccinardi.

6. Erzherzog Leopold Wilhelm.

Der bedeutendste italienische Dichter aus der kaiserlichen Familie ist Erzherzog Leopold Wilhelm (geb. 1614, † 1662) Bruder Kaiser Ferdinand III. und Statthalter in den Niederlanden, der, wie Crescimbeni sagt, fast alle Ausländer an Kenntniss der italienischen Sprache übertraf. Er nannte sich als Akademiker „der Wachsende" (Crescente) und hatte als Devise „Crescit eundo" über einem von einem Felsen herabfliessenden Bache, woraus man aber nicht auf das Wässerige in seiner Poesie schliessen darf.

Die Gedichte des Erzherzogs erschienen 1656 in Brüssel unter dem Titel Diporti del Crescente, mit einer Widmung an Kaiser Ferdinand III. Sie bilden in vier Abtheilungen (Rime morali, devote, heroiche, amorose) einen ansehnlichen Band, mit einem sehr schmeichelhaften Imprimatur des Brüsseler Censors, wie man es eben nur einem prinzlichen Autor und Statthalter geben kann. Auch viele Gedichte anderer Akademiker, in welchen „der Wachsende" als Kriegsheld und Dichter gepriesen wird, sind beigedruckt; darunter eines vom Distillato, unter welchem akademischen Namen, nach Quadrio, Feldmarschall Montecuccoli verborgen sein soll.

Crescimbeni lobt die Gedichte des Erzherzogs besonders wegen der in jener Zeit so seltenen Reinheit der Sprache. Auch wir Modernen, die wir einen andern Geschmack als die Arkadier am Ausgange des siebzehnten Jahrhunderts haben, können seinen Styl als einfach und klar loben. Manche Gedanken sind neu und gut ausgedrückt. Unter den moralischen Gedichten, welche meistens die Vergänglichkeit alles Irdischen zum Inhalt haben, athmen manche eine sanfte schöne Melancholie.

Unter den geistlichen Liedern ist das schönste das Wiegenlied der heil. Jungfrau:

Io stringo al petto	Gli occhi in te giro
Dolce bambino,	Caro mio pegno,
Dormi ô diletto	Te lieto miro
Figlio divino;	Dolce sostegno.
Dormi Giesù,	Dormi Giesù,
Alma beltà,	Alma beltà
Pien di pietà	Pien di pietà
Sempre sei tu	Sempre sei tu
Dormi Giesù.	Dormi Giesù.

     Te solo adoro
     Mio ben amato.
     Dolce ristoro
     Giesù bramato, etc.

Von den heroischen Gedichten ist ein munteres Kriegslied:
     Alla guerra, alla guerra guerrieri
und eines „Sehnsucht nach Oesterreich" hervorzuheben. Auch finden sich sehr viele Gedichte auf den Kaiser Ferdinand III., die Kaiserin Eleonore und andere Personen der kaiserlichen Familie.

Unter den Liebesliedern sind die schönsten: die sehr melodiöse Canzonata
     Bella Clori tu non vuoi
     Ascoltar i miei lamenti
sowie das schalkhaft liebenswürdige
     Sentite gran nova.

Ein in dieser Ausgabe nicht enthaltenes Madrigal des Erzherzogs: „Gegen Liebe und Eifersucht",
     Diceva un di solingo pastorello

findet sich handschriftlich in der Wiener kais. Hofbibliothek (Cod. 10108 Fol. 26). Ebendaselbst (Cod. 9401 *) finden sich auch einige Madrigale des Kaisers Leopold (ausser dem bereits oben erwähnten auf die Akademie), darunter: „Die Mutter Gottes auf den Tod Jesu"

Se penar	Legato
E sudar	Beffato,
Gran sangue	Nudato,
L' essangue	Sferzato,
Mio Dio	L' amante
Si pio	Tonante
Vedete	Vedete
Lagrime ove siete?	Lagrime ove siete? etc.

das durch seine eigenthümliche Form auffallend ist, und durch seinen Refrain an ein ähnliches Gedicht des Erzherzogs Leopold Wilhelm mit dem Refrain

Ochi miei voi che fate?

erinnert. Wie Crescimbeni in seinen Commentarien zur Geschichte der italienischen Poesie sagt, sind die Gedichte des Kaisers, von denen er manche selbst in Musik setzte, graziös, lebhaft und leicht singbar. Er theilt auch als Probe die Canzone

Amor che stravaganza

auf eine blinde Schönheit mit, die auch Erzherzog Leopold Wilhelm in seinem Gedichte: Chi vide mai splender il vago cielo (Diporti S. 108) besang [1]).

---

[1]) Crescimbeni l. c. vol. III. lib. 4. cap. 59. S. 204. cap. 75. S. 220. cap. 100. S. 244. — Tiraboschi l. c. tomo VIII. parte I. libro I. cap. III. 18. S. 63. — Napione, Dell' uso e dei pregi della lingua italiana. libro II. cap. V. vol. I. 226. Florenz 1813. Diporti del Crescente. Brüssel 1656. S. 8, 30, 53, 67, 74, 77, 108, 167, 184.

III.
Leopold I. und Josef I.

1. **Italienische Sprache in Wien, italienische Akademie in Laibach.**

Unter der Regierung des Kaisers Leopold I. (1657—1705) verbreitete sich die italienische Sprache in ganz Oesterreich und Deutschland, so dass sie am Anfange des achtzehnten Jahrhunderts, wie Crescimbeni, der zu jener Zeit lebte, meint, in diesen Ländern so geläufig wie in Italien gesprochen wurde. Der toscanische Gesandte Magalotti schrieb im Jahre 1675 von Wien an den Grossherzog Cosmos III., dass er schon ziemlich gut deutsch lesen kann, dass es aber mit dem Sprechen nicht gehe, weil er keine Uebung habe. „Wer hier nur einen anständigen Rock trägt", fährt er fort, „der spricht geläufig italienisch. Die Damen sprechen nicht blos mit Italienern, sondern auch untereinander sehr häufig italienisch. Von den fremden Gesandten findet es keiner nöthig, Deutsch zu lernen und verlangt es auch Niemand von ihnen"[1].

Am Anfange des achtzehnten Jahrhunderts wurde in Laibach zur Pflege der italienischen Poesie die Accademia Emonia gegründet, als Filiale der römischen Akademie Arcadia. Unter ihren Mitgliedern werden Lukantschitsch, Pogatschnig, Kestner, Pesemel, Grimbschütz und Sigismund Thalnischer von Thalberg genannt. Von Letzterm erhielt Crescimbeni die Abschrift des oben erwähnten italienischen Gedichts des Kaisers Leopold auf eine blinde Schönheit[2].

Der Vollständigkeit wegen sei hier auch die ein halbes Jahrhundert später von Giuseppe de' Coletti in Görz gegründete arkadische Akademie „Sonciaca" erwähnt, welche später nach Triest

---

[1] Depeschen Magalotti's. Herausgegeben von C. Guasti im Giornale storico degli archivi toscani. vol. V. S. 256. Florenz 1861.
[2] Crescimbeni l. c. vol. VI. S. 430.

übersiedelte, und sich nicht blos mit lyrischer Poesie, sondern auch mit Nationalökonomie beschäftigte. Unter ihren Mitgliedern finden wir die Grafen della Torre, Coronini, Strassoldo und Guidobaldo Cobenzl [1]). Auch Prinz Eugen von Savoyen war Mitglied einer solchen Akademie, in welcher er den Schäfernamen Eralgo Ermionco führte.

Insofern diese Akademien sich zur Aufgabe machten, den durch die Schule Marino's verdorbenen Geschmack zu verbessern, kann man ihr Bestreben nur lobenswerth finden. Da sie aber, anstatt sich am frischen Born der Volkspoesie zu verjüngen, oder die grossen Meister des goldenen Zeitalters der italienischen Literatur zum Muster zu nehmen, einen Lyriker zweiten Ranges aus dem sechzehnten Jahrhundert — Angelo di Costanzo — als ihr Ideal betrachteten, so förderten sie nur das geistlose, handwerksmässige Versemachen, und die ganze Lyrik jener Zeit ist jetzt, bis auf wenige Ausnahmen, mit Recht vergessen.

2. Italienisches Theater in Wien.

Mehr noch als die Lyrik wurde das italienische Theater am österreichischen Hofe gepflegt. So wurden z. B. bei der Vermälung des Kaisers Leopold im Jahre 1666 nur italienische Comödien aufgeführt, mit Ausnahme einer einzigen — spanischen [2]). Das Theater, und besonders die Oper, erfreute sich damals in Italien, vorzüglich an den Höfen von Mantua und Modena, grosser Beliebtheit. Auf die äussere Ausstattung, prachtvolle Decorationen, überraschende Maschinerien und glänzende Beleuchtung wurden grosse Summen verwendet [3]).

Erzherzog Leopold Wilhelm hatte in seiner Jugend Mantua besucht, und dort die Aufführung der Oper „Europa" bewundert. Prinz Cäsar von Guastalla, Verfasser der Schäferdramen „Procris" und „La piaga felice", kam im Jahre 1632 im Auftrage

---

[1]) Attilio Hortis. Alcune lettere inedite di Pietro Metastasio. Triest 1876. S. XI—XIII.
[2]) Vehse l. c. V. 139.
[3]) Muratori, Annali d' Italia, anno 1690.

seines Vaters, des Herzogs Ferdinand II., wegen der mantuanischen Erbfolgeverhandlungen nach Wien und starb dort ¹).

So wurde die italienische Oper von Mantua nach Wien verpflanzt, wo der Hof mit Musik förmlich überschwemmt wurde. „Wenn Jemand", schrieb Magalotti, „auch der grösste Musikfreund wäre, so würde ihm ein Aufenthalt von einigen Monaten in Wien alle Lust daran für immer vertreiben. Die armen Musiker haben mit Kammermusik, Tafelmusik, Oratorien und Theater wohl über achthundert Mal im Jahre Dienst — ausser den Proben" ²).

Sowohl Kaiser Leopold als die Kaiserin Claudia Felicitas waren grosse Freunde der Musik, und besonders der italienischen Oper, und wurde von ihnen für das Theater freigebig gesorgt. So kostete z. B. die Inscenirung der Oper „Il pomo d'oro" bei 100.000 Gulden. Die Kaiserin suchte aber auch durch das Theater für das Wohl des Staates zu wirken, und liess daher die Oper „La laterna magica di Diogene" aufführen, um dabei dem Kaiser in der Person Alexander des Grossen die Gebrechen des Hofs vor Augen zu stellen ³).

Was nun die italienischen Theaterstücke (drammi per musica — wörtlich: Dramen für Musik — Melodrame, lyrische Dramen und Opernlibretti) des siebzehnten Jahrhunderts im Allgemeinen betrifft, so kann man nur dem Urtheile Sismondi's beistimmen, welcher sagt: „Die Charaktere und Sitten sind falsch gezeichnet, der Styl ist schwülstig, die Handlung ohne Interesse; kein Publicum würde jetzt ihre Aufführung aushalten; sie stehen den Werken des sechzehnten Jahrhunderts sowohl als den des achtzehnten weit nach." Die ungeschickten Nachahmer Rinuccini's vermischten Heiliges und Profanes, Wahres und Allegorisches. Maschinerien und Decorationen waren die Hauptsache; man hielt ein Drama für um so schöner, je mehr Scenenverwandlungen und Kunststücke des Maschinisten vorkamen. Um poetische Sprache, gesunden Menschenverstand, Charakterzeich-

---

¹) Tiraboschi l. c. tomo VIII. parte II. libro III. cap. III. 28 und 29 S. 500. 505.
²) Giornale storico l. c. IV. S. 334.
³) Wurzbach l. c. VI. 428.

nung, dramatisches Interesse und historische Treue kümmerte man sich wenig. Selbst ein Chiabrera huldigte in seinem „Raub des Cephalus" dem allgemeinen Ungeschmack.

Ueber den Verfall des italienischen Theaters und den schädlichen Einfluss der Oper am Ende des siebzehnten Jahrhunderts wurde schon zu jener Zeit von Einsichtigen, so besonders von Muratori, sehr geklagt. Doch ist dabei nicht zu übersehen, dass derselbe Muratori auch von dem „äusserst verderblichen Einfluss Molière's auf die Franzosen" spricht [1]).

3. Dramatische Dichter (Federici, Santinelli, Sbarra, Minati, Leporei, Negro, Bonarelli, Stampiglia, Bernardoni, Camuccio, Bonacossi, Abati) und Schauspieler.

Von den Theaterdichtern der Kaiser Joseph I. und Leopold I. verdienen besondere Erwähnung:

1. Domenico Federici (geb. 1633) aus der Gegend von Fano, welcher als Secretär des venetianischen Gesandten Sagredo nach Wien kam und dann Secretär der Erzherzogin Eleonore Marie (Gemalin des Herzogs von Lothringen) ward. Er erwarb sich die kaiserliche Gunst nicht nur durch seine dramatischen, sondern mehr noch durch verschiedene publicistische Arbeiten zur Vertheidigung der österreichischen Politik. Er war von 1667 bis 1674 österreichischer Vertreter in Venedig, fiel aber später in Ungnade, trat in den geistlichen Stand, und starb 1720 in Fano. Von seinen Werken findet sich auf der Wiener kais. Hofbibliothek (Cod. 13276) nur das Manuscript seines biblischen Drama's „Gli affetti pietosi nel sepolcro di Cristo".

2. Marquis Santinelli, über dessen Lebensumstände uns nichts bekannt ist, und der von Arteaga als Verfasser von fünf Dramen: „Armida", „die glückliche Verzweiflung", „die Flucht", „der unschuldige Verführer seiner Frau" und „der grossmüthige Alexander" genannt wird.

---

[1]) Simonde de Sismondi. De la litterature du midi de l' Europe. chap. 16. Paris 1813. Bd. II. 294. — L. A. Muratori, Della perfetta poesia italiana. Modena 1706. Bd. II. S. 37—77. — Arteaga, Le rivoluzioni del teatro musicale italiano. Venedig 1785. Bd. I. S. 319—323. 330. 331. 335.

3. **Francesco Sbarra** aus Lucca, dessen komische Oper „La verità raminga" für besser gehalten wird als die meisten ernsten Stücke.

4. **Nicolo Minati**, der auch Mitglied der obenerwähnten Akademie in Wien war und der in einem italienischen Gedicht aus jener Zeit, „das Gastmahl der Götter zur Hochzeitsfeier des Kaiser Leopold und der Kaiserin Claudia Felicitas" (Manuscript der Hofbibliothek 10.108) neben dem Musiker Draghi und dem Maschinisten Burnacini gepriesen wird [1]).

5. **Giovanni Leporei**, Verfasser von zwei Dramen: „die Liebe in Gefangenschaft der Schönheit" und „Atalanta". Unter dem Pseudonym Giuniano Elpireo erschienen von ihm 1669 in Lucca: „La Sampogna", „La Fionda" und „l'Iride poetica", welche ausser den Dramen, Satyren, Eklogen und kleine Gedichte enthalten.

6. **Paolo Antonio del Negro**, Mitbegründer der römischen Arcadia und Secretär des Kaisers. Er starb 1718 in Wien.

7. **Prospero Bonarelli** (geb. 1589, † 1659) aus Ancona, von dem Erzherzog Leopold Wilhelm sang:

Ogni altro stil al tuo divin soggiace
Che splender fai l' tuo crin di lauri adorno.

der Bruder Guidobaldo's, des Verfassers des Hirtendramas „Filli di Sciro". Prosper schrieb auf Verlangen des Kaisers Leopold mehrere Musikdramen, und wurde dafür von diesem mit seinem Portrait in Diamanten beschenkt und in einem Sonett gefeiert.

Sein regelmässiges, mit pedantischer Beobachtung der drei Einheiten geschriebenes Trauerspiel „Soliman" in fünf Acten, ohne Musik (Rom 1619), hat das unglückliche Schicksal des türkischen Prinzen Mustafa, der 1553 auf Befehl seines Vaters, des Sultans Soliman (bei Bonarelli Rè dei Traci), getödtet wurde, zum Inhalt. Bonarelli hielt sich ziemlich treu an die Geschichte, hat aber der Vorliebe jener Zeit für Kindervertauschungen und Wiedererkennungen auf der Bühne die Concession gemacht, dass er die Sultanin Chasseki Churrem (von den Geschichtschreibern

---

[1]) Sein Drama „Fuoco eterno custodito dalle Vestali" erschien 1674 in Wien.

jener Zeit und von B. Rossa — die Russin — genannt), nachdem sie durch ihre Intriguen im Vereine mit ihrem Schwiegersohn Rustem den Tod Mustafa's herbeigeführt, durch die Amme erfahren lässt, dass Mustafa nicht ihr Stief-, sondern ihr leiblicher Sohn ist. Da es der Sultanin nicht mehr möglich ist, ihren Sohn und seine Geliebte, die persische Prinzessin Despina, vom Tode zu retten, so vergiftet sie sich. Dieser Selbstmord, sowie die persische Prinzessin sind Zugaben Bonarelli's, worüber er sich in der Vorrede weitläufig entschuldigt. Im Ganzen ist das Stück nicht uninteressant, und liesse sich unter Weglassung der langen, oft ganz überflüssigen Reden und abgedroschenen Sentenzen vielleicht für die moderne Bühne einrichten. Von Poesie ist freilich sehr wenig darin.

8. Silvio Stampiglia (geb. 1664, † 1725), Mitglied der römischen Arcadia, von Kaiser Joseph zum Hoftheaterdichter ernannt, aber von seinem Nachfolger nicht gern gesehen, weshalb er 1718 Wien verliess. Von seinen meist historischen Stücken werden „der Sturz der Decemviren", „Parthenope" und „Camilla" für die besten gehalten. Er suchte sich von den Geschmacklosigkeiten und Ungeheuerlichkeiten seiner Vorgänger reinzuhalten; doch blieb sein Styl trocken und farblos, die Recitative sind ohne Harmonie, die Arien wenig musikalisch. Zeno sagt, er hätte mehr Geist als Schulung gehabt.

9. Dem Beispiele Stampiglia's folgte Peter Anton Bernardoni aus Vignola im Modenesischen (geb. 1672, † 1714), welcher 1701 zum kaiserlichen Hofpoeten ernannt wurde, und dessen dramatische Arbeiten von Ap. Zeno und Muratori sehr gelobt werden. Letzterer ist auch ein grosser Bewunderer seiner lyrischen Gedichte. Seine dem Kaiser Joseph I. gewidmete Gedichtesammlung, welche 1705 in Wien im Verlage des „italienischen Hofbuchdruckers" Johann van Ghelen in zweiter Auflage erschien, nachdem die erste Sammlung seiner „Rime varie" (1694) in Bologna erschienen war, enthält religiöse, politische und erotische Gedichte. Letztere drücken gewöhnlich gesuchte und seltsame Gedanken in geschraubter Sprache aus, und werden durch die endlose Wiederholung desselben Motivs ganz unausstehlich langweilig. So gibt er uns z. B. auf zwölf Quartseiten Sonette auf

die Abwesenheit seiner Geliebten. Doch findet sich bei ihm auch manches Schöne, und das Gedicht auf den Geburtsort seiner Geliebten (Nell' avvicinarsi al luogo dove è nata la sua donna) drückt tiefes, echtes Gefühl in schöner Sprache aus.

Ziemlich mittelmässig sind seine religiösen, am besten die politischen Gedichte, unter denen sich viele Gelegenheits- und Lobgedichte auf Kaiser, Papst und andere hohe Personen finden. Die Sprache ist rein und einfach, ja manchmal gar zu einfach und nahezu prosaisch. Diese Gedichte sind meistens von deutschösterreichischem Patriotismus und Franzosenhass beseelt. So z. B. die grossartige Canzone auf die Einnahme von Landau durch den römischen König Joseph, in der das gedemüthigte und besiegte stolze Frankreich personificirt wird als

> Una donna di grave aspetto altero
> Ma sbigottita e pien di morte il ciglio...
> Tra lo sdegno e il timor del suo periglio
> Fremer sembrava ed il superbo e fiero
> Suo cor ben si leggea nel suo sembiante.

An einer andern Stelle sagt er von Frankreich:

> Scossa de' rami suoi la pianta altera
> Ch' ombra facea d'intorno
> Già dalla cima al piè vacilla e trema

vielleicht in Erinnerung an Dante's Verse,

> — — — mala pianta,
> Che la terra cristiana tutta aduggia
>
> (Purgatorio XX 44.)

die sich ja auch auf das französische Königshaus beziehen.

Ganz unausstehlich sind Bernardoni's regelmässige, fünfactige Tragödien in sehr trivialer Sprache. Sein „Constantin", mit Chören am Schlusse eines jeden der ersten vier Acte, hat keine Handlung, keine Charaktere, keine Verwicklung. Die ganze Tragik dieser Tragödie besteht darin, dass am Ende des letzten Actes erzählt wird, dass Kaiser Constantin auf Befehl seiner Mutter Irene überfallen und geblendet wurde. Was mit den andern Personen des Stückes, den zwei Frauen Constantin's und ihren platonischen Liebhabern geschieht, erfahren wir nicht; was uns übrigens ganz gleichgiltig ist, da der Dichter uns nicht das geringste Interesse für alle diese Byzantiner einzuflössen wusste. Besser sind seine grossen und kleinen Musikdramen, von denen die Sammlung seiner „Poemi drammatici" (die ersten zwei Bände in Bologna, der dritte 1707 in Wien gedruckt) bei zwei Dutzend, nebst einigen Oratorientexten enthält. Sie wurden meistens in Wien an Geburts- oder Namenstagen der Kaiser Leopold und Joseph oder der Kaiserinnen aufgeführt, und schliessen alle mit einigen Versen zum Lobe der kaiserlichen Majestäten.

Eine poetische Introduction zu einem Ballet wurde, wie es scheint, vom Erzherzog Joseph und den Erzherzoginnen declamirt.

Das kleine dramatische Gedicht: „Aeneas im Elysium" zum Geburtstag des Kaisers Leopold scheint Metastasio die Idee zu seinem 1731 zum Geburtstage der Kaiserin Elisabeth gedichteten „Tempel der Ewigkeit" gegeben zu haben.

Der „getröstete Danubius", während des spanischen Erbfolgekriegs geschrieben, ist ein glänzendes, mannhaftes Plaidoyer für den Frieden.

Interessant ist sein „Arminius", dessen Handlung nicht wie in den andern Stücken, deren Held der Cheruskerfürst ist, während oder vor der Teutoburger-Schlacht, sondern während des Rachezugs des Germanicus vor sich geht; so dass Hermann darin eine edlere Rolle als sonst spielen kann. Er bietet dem Germanicus als Lösegeld für die gefangene Thusnelda die bei der Niederlage des Varus erbeuteten römischen Adler und Feldzeichen. Der römische Feldherr verlangt aber den Abfall Hermanns von den andern Deutschen und seine Allianz mit Rom als Lösegeld. Da Hermann schwankt, ermahnt ihn Thusnelda, ihre Freiheit nicht um so hohen Preis zu erkaufen. Der bewundernde Römer schenkt ihr hierauf die Freiheit, die sie mit den Worten:

Du bist mein Befreier, aber doch Tyrann,

annimmt. Hermann, der am Anfange des Stückes als bittender Verliebter zu Germanicus gesagt hatte:

„Wenn je Dein Herz gerührt süsse Lieb'
Schenk Mitleid mir, dem Liebenden"

zeigt sich am Schlusse als tapferer Deutscher, der den Untergang der römischen Herrschaft prophezeit und die Kaiser aus Habsburgs Stamm als „deutsche Helden" verkündet.

Von Bernardoni's grösseren Dramen ist aber „Julius Cäsar in Turin" das beste. Wir interessiren uns für die handelnden

Personen, lächeln manchmal bei den Spässen des lustigen Dieners Gilbo und begrüssen mit Freude den schwachen Versuch mit Ismene eine naive Liebhaberin neben den Heldinnen des Musikdrama's auftreten zu lassen. Dass Cäsar seine als Mann verkleidete Braut Calpurnia während des ganzen Stückes nicht erkennt, kommt uns wohl etwas sonderbar vor; aber da diese junge Dame auf offener Scene einen Bären tödtet, so ist die Kurzsichtigkeit des grossen Gallierbesiegers nicht so unerklärlich.

Die Sprache ist in Bernardoni's Dramen ziemlich einfach, meistens ohne Schwulst. Die Arien sind wenig melodiös und enthalten nur selten die bei den späteren Dichtern dieses Genre's so beliebten Gleichnisse.

Bernardoni, der Mitglied mehrerer Akademien und gleichsam Vorstand der Arkadier in Oesterreich war, nannte sich mit Stolz Poeta cesareo e accademico arcade, scomposto, animoso, gelato ed acceso; also gleichzeitig gefrorener und entzündeter Akademiker! Auch findet sich unter seinen Werken eine akademische Rede mit einer poetischen Introduction, welche er in der oben erwähnten Akademie des Kaisers Leopold vorgetragen hat.

Auch bei den Aufführungen von Bernardoni's Dramen wurde das grösste Gewicht auf die Musik und Ausstattung gelegt. So werden bei seinem Julius Cäsar folgende Verwandlungen der Scene angegeben: im Prolog: hügelige Gegend bei Turin, Jupiter's Burg in den Wolken; im ersten Act: Vorstadt von Turin, Saal im Schlosse, grosser öffentlicher Platz; im zweiten Act: Gallerie, Wäldchen vor der Stadt, Vorzimmer der Prinzessin Gepilde; im dritten Act: Säulenhalle, Gefängniss, Waffenkammer. Am Schlusse dieses in Turin zum Geburtstage des Kronprinzen aufgeführten Stückes erscheint der Genius der Stadt Turin in einer Flugmaschine.

In seinem „Gleich und Gleich liebt sich" (L'amor vuol somiglianza), einem Drama mit „gutem Ende" aus der Familiengeschichte der Tarquinier, wechselt die Scene auch zweimal in jedem Act, und kommen Ballete von römischen Soldaten, Sklaven und jungen Römern vor.

10. **Bartolommeo Camuccio**, dessen dem Kaiser Leopold gewidmete „Elvira" sich handschriftlich auf der Wiener kais. Hof-

bibliothek (Cod. 10158) findet. Ebendaselbst finden sich auch zwei etwas ältere Manuscripte italienischer Dramen: Ariadne von Francesco Bonacossi (Cod. 13349), aufgeführt im Jahre 1641 zum Geburtstage der Kaiserin Maria (erste Gemalin Ferdinand III.) und ein kleines Festspiel „Febo" von Antonio Abati (Cod. 13262) als Introduction zum Turnier des Erzherzogs Ferdinand, in welchem dessen Sieg über Franzosen und Weimaraner gefeiert wird. Es scheint also zur Zeit des 30jährigen Krieges geschrieben zu sein.

Nach dem Vorangeschickten können wir wohl annehmen, dass fast alle italienischen dramatischen Dichter jener Zeit mehr oder weniger mit dem österreichischen Hofe in Berührung kamen und dessen Gunst genossen. Arteaga hat daher mit Recht in seiner Geschichte der italienischen Oper den wohlthätigen Einfluss der österreichischen Fürsten anerkannt, welche an ihrem Hofe den italienischen Dichtern Musse und Gelegenheit zur Ausbildung ihrer Talente gaben, und so gleichsam die Schule bildeten, aus der dann Zeno und Metastasio hervorgingen.

Von den italienischen Schauspielern jener Zeit weiss man nichts Gutes zu sagen; doch nennt Riccoboni als die beste Truppe die des Francesco Calderoni und seiner Frau Agathe, welche früher in München und Brüssel spielte und dann in die Dienste der Kaiser Leopold und Joseph trat.

Doch waren schon viel früher bei besonderen Gelegenheiten, so 1569 und 1626, italienische Schauspieler und Sänger nach Wien berufen worden, von denen wir jedoch nichts Näheres wissen [1]).

---

[1]) Quadrio, Fr. Della storia e della ragione d' ogni poesia. Mailand 1749. libro I. dist. I. cap. 8. vol. II. S. 326. 336. — K. Weiss, Geschichte der Stadt Wien. Wien 1872. Bd. II. S. 294. — Staat des kayserlichen Hoffs vom Jahr 1709 bis 1710. Anderter Theil. Bogen A. a. Blatt 3. — Crescimbeni l. c. vol. II. libro IV. cap. 137. S. 540. cap. 145. S. 543. vol. I. libro IV. cap. 8. S. 277. vol. III. libro VI. cap. 90. S. 297. libro III. cap. 47. S. 188. — Tiraboschi l. c. VIII. S. 505. Note c. 497. — Polidori im Archivio storico italiano. vol. V. Appendice S. 110. — Riccoboni, histoire du théâtre italien. I. S. 75. — Lombardi, Storia della letteratura italiana nel secolo XVIII. libro III. cap. III. 64. vol. V. S. 176. 199. — Ugoni I. 119. Note. — Grässe, Handbuch. III. 118. — Zeno's Briefe. IV. 21. — L. A. Muratori, Della perfetta poesia italiana. Bd. II. S. 314. 344. — Arteaga l. c. I. S. 306. 341. 307. II. 68.

4. Lyrische und epische Dichter (Pierelli, Davia, Filicaja).

Von den nichtdramatischen Dichtern am Wiener Hofe haben wir nur den Abate Giovanni Pierelli aus Trasilica in der Garfagnana zu erwähnen, der als Secretär Montecuccoli's und Hofpoet in Wien lebte und sich der besondern Gunst des Kaisers Leopold erfreute. Er verliebte sich in eine Holländerin, verliess Wien und starb nach vielen Abenteuern arm in seinem Vaterlande. Sein Epos in zehn Gesängen: „Das vertheidigte Wien" (Vienna difesa) erschien 1690 in Modena.

Die Befreiung Wien's von den Türken besang auch der Venetianer Domenico Davia († 1698) der auch eine Ode „La Costanza" und ein Idyll, „Lo sventurato", dem Kaiser widmete [1]).

Ein italienischer Dichter, der weit über allen diesen Poeten dritten und vierten Ranges steht, wurde merkwürdigerweise nicht besonders glänzend belohnt. Es ist dies Vincenzo Filicaja, der die Befreiung Wien's von den Türken in sechs herrlichen Oden besang, wofür er vom Kaiser Leopold, vom König von Polen und vom Herzog von Lothringen — warme Dankschreiben erhielt. Eine an die Königin Christine von Schweden gerichtete Ode brachte ihm viel grössere Ehren und reichlichere Belohnung[2]).

5. Lorenzo Magalotti.

In den Jahren 1675 — 1678 lebte auch ein hervorragender italienischer Gelehrter am österreichischen Hofe: der bereits mehrfach erwähnte toscanische Gesandte Graf Lorenzo Magalotti (geb. 1637 in Rom). Naturforscher, Linguist, Philosoph und Staatsmann, Freund St. Evremont's und Bayle's, schrieb er die verschiedenartigsten Werke: naturwissenschaftliche Aufsätze, ein Lehrgedicht über das Ideal einer Frau, eine Streitschrift gegen die Atheisten und — ziemlich schlüpfrige Novellen. Auch hat er John Philips „Cider" und „splendid shilling", sowie Manches von St. Evremont und Anakreon in's Italienische übersetzt.

---

[1]) Brief Apostolo Zeno's vom 21. November 1721 in der Ausgabe seiner Briefe. Venedig 1785. III. 266. — Tiraboschi l. c. VIII. S. 505. N. c. — Quadrio l. c. libro II. dist. 2. cap. 4. particella 3. Bd. IV. S. 690.

[2]) Tiraboschi l. c. VIII. 470.

Er hatte bereits fast ganz Europa bereist, als er nach Wien kam, wo er am Hofe und in der gelehrten Welt sehr gute Aufnahme fand. Er genoss die besondere Achtung der Kaiserin-Witwe Eleonore, welche wohl seine Novellen nicht kannte. Bei der Kaiserin Claudia Felicitas und ihrer Mutter der Erzherzogin Anna, welche die Tante seines Souveräns war, scheint er aber nicht besonders beliebt gewesen zu sein. Er selbst schrieb nach Hause, dass er die Deutschen nicht leiden mag, machte sich über die geringen Kenntnisse der Wiener in den Naturwissenschaften lustig, wie er in seinen Briefen aus Madrid die Unwissenheit der dortigen Professoren lächerlich gemacht hatte, und war überhaupt mit seinem Aufenthalte in Wien nicht recht zufrieden. Diese Unzufriedenheit entstand wohl zum grossen Theile daraus, dass der Gehalt, den ihm der sparsame Grossherzog gewährte, seinen verschwenderischen Neigungen nicht entsprach. Er kehrte im Unmuth nach Florenz zurück, und als er dann wieder angestellt werden wollte, konnte er es beim Grossherzog nicht mehr durchsetzen. Er lebte noch bis 1712 unzufrieden und der Welt grollend, die seine Verdienste nicht so belohnte wie er es zu verdienen glaubte [1]).

6. Graf Raimund Montecuccoli.

Bedeutender als alle diese Männer der Feder war ein anderer Italiener, ein Mann des Schwerts, der aber auch ein grosser Freund der Wissenschaft und tüchtiger Schriftsteller war.

Schon unter Rudolf II. war ein Graf Alphons Montecuccoli kais. Mundschenk und Oberststallmeister der Schwester des Kaisers gewesen. Ein Graf Ernst Montecuccoli diente in der kais. Armee als General-Feldzeugmeister im 30jährigen Kriege und starb 1633. Dieser hatte seinen Neffen **Raimund Montecuccoli** nach Deutschland berufen, welcher später in einem Briefe an den Kaiser seinen Vater Galeotto, seine Onkel Ernst und Girolamo, dann noch einen Cousin und Bruder erwähnte, welche alle in

---

[1]) Berichte und Depeschen Magalotti's, im Auszuge herausgegeben von C. Guasti im Giornale storico degli archivi toscani. vol. IV. V. Florenz 1860—61. — Corniani l. c. epoca VIII. articolo 16. vol. II. 139—144.

kaiserlichen Diensten Gefangenschaft, Verwundungen oder Tod erlitten hatten.

Graf Raimund, 1608 im Modenesischen geboren, diente von der Pike auf in der kaiserlichen Armee, kämpfte für Oesterreich gegen Türken, Schweden und Franzosen, schlug 1664 bei St. Gotthard die Türken glänzend auf's Haupt, zeigte sich als würdiger Gegner von Turenne und Condé und starb 1681 vom Kaiser reich belohnt und mit den höchsten Ehren ausgezeichnet.

Eine zweijährige Gefangenschaft in Schweden hatte er zur Erweiterung seiner wissenschaftlichen Kenntnisse benutzt, und in den Pausen zwischen seinen Feldzügen, vorzüglich aber seit er 1675 die active Leitung der Armee aufgegeben hatte, beschäftigte er sich mit philosophischen, medizinischen, juristischen und theologischen Studien. Er besass eine reichhaltige Bibliothek und Gemäldegallerie, war Mitglied der bereits erwähnten italienischen Akademie in Wien, und machte sich besonders verdient durch die Förderung und Unterstützung der noch jetzt blühenden ältesten deutschen naturwissenschaftlichen Akademie (Academia naturae curiosorum), deren Präsident er war.

Seine militärwissenschaftlichen Werke werden als sehr ideenreich, gründlich und gelehrt gelobt, ihre Sprache ist kurz und deutlich; doch findet Foscolo seinen Styl von den Fehlern der marinischen Schule nicht ganz rein.

„Condé und Turenne waren als Feldherren grösser als Montecuccoli", sagt Magalotti, „in andern Fächern wurde er vielleicht von andern Zeitgenossen übertroffen; aber wenn man Alles zusammenfasst, so kam ihm keiner gleich. Er war ein grosser Feldherr, Politiker und Gelehrter, ein vollendeter Hofmann und Cavalier" [1].

Es ist bemerkenswerth, sagt Voltaire (Siècle de Louis XIV. chap. 12) von Montecuccoli sprechend, „dass Italien zur Zeit seiner Sklaverei und des tiefsten Verfalls dem deutschen Reich seine besten Generäle gab". Was aber der grosse Franzose bei

---

[1] Archivio storico italiano, appendice vol. V. 132. — Giornale storico. IV. S. 151. — Vehse l. c. III. 31. V. S. 53. — Tiraboschi. VIII. 279. — Maffei Gius. Storia della letteratura italiana, libro IV. cap. 5. vol. III. 78. — Corniani l. c. epoca VII. art. 18. vol. II. 54.

der Gelegenheit nicht bemerkt, ist, dass in der Zeit dieses Verfalls die Naturwissenschaften einen grossen Aufschwung in Italien nahmen, und dass, wenn dieses Land Oesterreich einen Montecuccoli gab, ihm Frankreich die Familie Cassini zu verdanken hat. Wir werden aber bald sehen wie auch viele Männer der Wissenschaft aus Italien nach Oesterreich kamen.

7. Graf Ludwig Ferdinand Marsigli.

Als Soldat viel tiefer, aber an wissenschaftlicher Bedeutung höher als Montecuccoli, steht Graf Ludwig Ferdinand Marsigli aus Bologna (geb. 1658 † 1730).

Er verliess seine Vaterstadt, wo er bereits Studien gemacht hatte, wegen unglücklicher Liebe, studirte in Padua Naturwissenschaften und trat 1682 als gemeiner Soldat in die österreichische Armee ein. Wegen seiner Kenntniss des Geniewesens avancirte er bald zum Hauptmann. In der Schlacht bei Raab gerieth er, schwer verwundet, in türkische Gefangenschaft, wo er viel zu leiden hatte. Er wurde an Achmed, Pascha von Temesvar, um sieben Thaler, dann nach einem missglückten Fluchtversuch an zwei Bosniaken für 24 Thaler verkauft. Bei der Belagerung Wiens musste er im türkischen Heere als Trossknecht und seinem Herrn, welcher eine Art Kaffeeschänke hielt, als Kaffeekoch dienen, bis er endlich von seiner Familie um dreihundert Ducaten losgekauft wurde.

Wieder in die kaiserliche Armee eingetreten, leitete er die Geschützgiesserei im Wiener Arsenal, und half dann bei der Einnahme von Ofen, wobei er viele Bücher und Handschriften der ehemaligen corvinischen Bibliothek zu retten bemüht war. Er zeichnete sich bei der Belagerung von Landau aus (1700) und avancirte rasch bis zum General. Als solcher hatte er im Verein mit dem Grafen Philipp Arco, als zweiter im Commando, die Festung Breisach gegen die Franzosen zu vertheidigen (1703). Dreizehn Tage nach Eröffnung der Laufgräben übergaben die beiden Generäle die Festung, worauf sie vor ein Kriegsgericht gestellt, Arco zum Tode und Marsigli zur Degradation und schimpflichen Ausstossung aus der Armee verurtheilt wurden. Beide Generäle konnten keine Begnadigung erlangen, und das

Urtheil wurde im Februar 1704 vollzogen. Ob und inwieweit Marsigli schuldig oder mitschuldig war, ist hier nicht der Ort zu untersuchen. Nachdem er Oesterreich verlassen, ging er nach der Schweiz und Frankreich, wo er vom Hofe auffallend gut aufgenommen wurde.

In seine Vaterstadt zurückgekehrt, schenkte er ihr seine naturwissenschaftlichen Sammlungen und gründete dort ein naturwissenschaftliches Institut; er stand auch kurze Zeit an der Spitze der päpstlichen Armee.

Marsigli benutzte alle seine Reisen und militärischen Expeditionen zur Beobachtung der Natur und der Menschen, zur Erweiterung seiner Kenntnisse. Schon bevor er in österreichische Dienste getreten war, hatte er die Türkei bereist, und im Jahre 1681 seine „Beobachtungen über den Bosphorus" herausgegeben. Ein anderes ausführlicheres Werk über die Türkei (Stato militare dell' impero ottomano. Haag 1732), erschien erst nach seinem Tode. Während er zu Pest in Garnison war, schrieb er sein Werk „Ueber das Wachsthum der Metalle" [1]. In Oedenburg schrieb er ein Buch über den Kaffee in medicinischer Beziehung, (Bevanda asiatica, Wien 1685), welches er dem päpstlichen Nuntius in Wien, Cardinal Bonvisi, widmete, oder vielmehr das er eigens für diesen schrieb, um ihm das Kaffeetrinken zu empfehlen. Er spricht darin ziemlich kurz von den bei den verschiedenen Völkern üblichen Getränken, wobei er die alten Hebräer, die Egypter und die Engländer zu den Biertrinkern zählt, und gibt dann eine Untersuchung über die physiologischen Wirkungen und sehr ausführliche Vorschriften über die Bereitung des Kaffee's, welcher erst damals in Europa bekannt zu werden anfing. Marsigli nennt als seine Quellen eine Abhandlung des Türken Cosain Effendi, welche seinem Werkchen im türkischen Original und in italienischer Uebersetzung beigedruckt ist, sowie seine eigenen Reisen in der Türkei und Erfahrungen in der Gefangenschaft. Er musste nämlich nicht

---

[1] Lombardi l. c. libro II. capo II. vol. III. S. 10—20. — Corniani l. c. epoca VIII. art. 27. vol. II. 169—172. — Fontenelle, eloge de Marsigli, in dessen Werken. Paris 1767. vol. VI. 465. — Tipaldo, Biografie degli italiani illustri. Venedig 1841. Bd. VIII. 272 sq. — Brunet, Manuel du libraire, Brüssel 1838 bis 1845. III. 182.

nur für seinen Herrn, den Pascha Achmed von Temesvar, sondern auch für ein Feldkaffeehaus im türkischen Lager vor Wien längere Zeit den Kaffee kochen. Es macht einen rührenden Eindruck, wenn der Graf Marsigli, der Gelehrte, der österreichische Officier, ganz schlicht bemerkt: man müsse beim Brennen der Kaffeebohnen sehr aufmerksam sein, „wie man es mich unter vielen Peitschenhieben gelehrt hat". Doch hatte diese Beschäftigung, wie er selbst sagt, für ihn das Gute, dass er dadurch mit den zwei Bosniaken bekannt wurde, welche ihn kauften und dadurch vor der Hinrichtung in Folge des missglückten Fluchtversuchs retteten.

Am interessantesten, besonders für Oesterreich, ist Marsigli's grosse historisch-geographische und physikalische Beschreibung der Donau vom Kahlenberge bis zur Mündung der Jantra, in der jedoch nur die Strecke bis zum Einflusse der Theiss vollkommen gründlich behandelt ist. Er behandelt in diesem ursprünglich zur Widmung an den Kaiser Leopold bestimmten Prachtwerke in sechs riesigen Foliobänden mit vielen Karten und Zeichnungen [1] in ausführlicher Weise die hydrographischen und geographischen Verhältnisse des Stromgebiets der Donau, die im Flussbette und an den Ufern vorkommenden Mineralien, Fossilien, Thiere und Pflanzen, und endlich die Reste alter Bauten an den Ufern des Stroms. Er gibt die von ihm selbst gefundenen Polhöhen mehrerer grösserer Städte an, welche freilich um einige Minuten von den neueren Bestimmungen abweichen; dann Abbildungen der Mondoberfläche nach seinen eigenen Beobachtungen in Wien, Szegedin und Titel; Berichte über seine Beobachtungen des Merkurdurchganges im Jahre 1697 u. s. w.

Wenn dieses Werk jetzt nur noch einen geringen wissenschaftlichen Werth hat, so ist es um so mehr zu bedauern, dass sich seit 150 Jahren kein Oesterreicher gefunden, der ein besseres, eben so ausführliches Buch über Oesterreichs grossen Strom geschrieben hätte.

---

[1] Danubius pannonico mysicus observationibus, geographicis, hydrographicis, historicis, physicis, perlustratus. Haag und Amsterdam 1726. Eine französische Uebersetzung dieses Werkes erschien 1744 im Haag.

IV.
Karl VI.

1. Italienische Provinzen, Gräfin Althann.

Kaiser Leopold, der einen Italiener, Grafen Johann Ferdinand Portia, zum Erzieher gehabt hatte, den er bei seinem Regierungsantritte zum ersten Minister ernannte, hat mehr als alle seine Vorgänger die Italiener begünstigt.

Auch bei seinem Nachfolger Kaiser Joseph I. (1705—1711) galten die Italiener viel, und wurden unter seiner Regierung die Beziehungen zu Italien noch viel lebhafter.

Waren es unter den früheren Regierungen vorzüglich die Verbindungen mit italienischen Prinzessinnen, welche die Vorliebe für Italien am Hofe nährten, waren bisher italienische Sprache und Literatur blos wegen ihrer Schönheit und ihres Reichthums in Oesterreich geschätzt und gepflegt worden, so trat unter der Regierung Karls VI. und seiner Nachfolger ein anderes, viel wirksameres Moment hinzu, welches die Kenntniss Italiens, seiner Sprache und Literatur für die Beherrscher Oesterreichs zur Nothwendigkeit machte. Es sind die italienischen Länder, welche theils vorübergehend besetzt, theils auf die Dauer mit Oesterreich verbunden wurden, welche mehr als alles Andere zur Verbreitung des Italienischen in Oesterreich beitrugen. Der annectirende Staat drang den neuen Provinzen nicht seine Sprache auf, sondern lud die ihrige an seinen Hof.

Das Haus Oesterreich besass Mailand und Mantua fast während des ganzen achtzehnten Jahrhunderts, es herrschte über ein Vierteljahrhundert in Neapel, siebzehn Jahre in Sicilien, mehrere Jahre in Sardinien, Parma, Piacenza und Venedig. Mehr als ein halbes Jahrhundert herrschten Fürsten des Hauses Oesterreich in Toscana.

Unter diesen Verhältnissen und Einflüssen bildete sich am Anfange des achtzehnten Jahrhunderts eine Art Colonie italienischer Gelehrter und Dichter in Wien, theils aus solchen bestehend,

welche dort ganz heimisch wurden, theils aus solchen, welche
nur kurze Zeit dort weilten oder zu vorübergehendem Besuche
dahin kamen. Neben hervorragenden Männern der Wissenschaft
und Kunst, welche sich um das geistige Leben Wiens verdient
machten, fanden sich auch manche Abenteurer und Stellensucher
ein. Fast alle genossen, je nach ihren Verdiensten, mehr oder
minder die Gunst des Hofes und der vornehmen Gesellschaft.

Als eine der einflussreichsten und liebenswürdigsten Protectorinnen der italienischen Colonie galt die Freundin Kaiser Karls VI., die Gräfin Maria Althann (geb. 1689, † 1755), Tochter des Marchese Pignatelli, welche im Jahre 1709 den Grafen Althann geheiratet hatte und zwei Jahre später mit ihm im Gefolge des Kaisers aus Spanien nach Wien gekommen war, weshalb sie von den Wienern die „spanische Althann" genannt wurde. Sie wurde am 3. Mai 1709 zur Sternkreuz-Ordens-Dame ernannt.

Sie war eine der reizendesten Damen ihrer Zeit, strahlend von Schönheit, Anmuth, Heiterkeit und Geist, beim Volke wegen ihrer grossen Wohlthätigkeit sehr beliebt; dabei eine Freundin der Künste und Wissenschaften. Auf ihre Veranlassung wurden Apostolo Zeno und Metastasio nach Wien berufen. Als Letzterer nach Wien kam, war die Gräfin bereits Witwe und über vierzig Jahre alt, aber noch so reizend, dass sich der um neun Jahre jüngere Dichter in sie verliebte. Doch ist die Behauptung Mancher, dass er sie heimlich geheiratet habe, nur leeres Gerede[1]).

2. Pietro Giannone.

Als Kaiser Karl VI. (1711) zur Regierung gelangte, besass Oesterreich bereits Mailand, Sardinien und Neapel, und es war ein neapolitanischer Gelehrter, welcher zuerst für die italienische Literatur und die freie Geschichtsforschung seinen kaiserlichen Schutz in Anspruch nahm.

Pietro Giannone, 1676 in Ischitella in der Provinz Capi-

---

[1]) Wurzbach l. c. I. S. 18. — Vehse l. c. VI. S. 209. — K. K. wie auch Ertz-herzoglicher dann dero Residenz-Stadt Wien Staats- und Stand - Kalender von 1709 biss 1810. Anderter Theil. Bogen C. c. Blatt 1.

tanata geboren, einer der gelehrtesten und angesehensten Advocaten Neapels, hatte im Jahre 1723 seine Geschichte des Königreichs Neapel in vier Quartbänden herausgegeben und dem Kaiser gewidmet. Er nannte sein Werk „Storia civile", da er, wie er in der Einleitung sagt, keine der üblichen Geschichten von Schlachten und Belagerungen schreiben wollte, sondern eine Geschichte der Gesetze und Gebräuche, der bürgerlichen und kirchlichen Einrichtungen.

Er hat ein sehr tüchtiges, gelehrtes, wenn auch langweiliges und an vielen Stellen nicht originales Werk geliefert. Aber was ihn vor Allem auszeichnet, ist seine freie Auffassung und Darstellung der kirchlichen Verhältnisse. In dem Widmungsschreiben an den Kaiser lobt und ermuntert er dessen Bestreben, die Uebergriffe der Geistlichkeit zurückzuweisen und die Rechte des Staats zu wahren.

Kein Geschichtschreiber hat vor Giannone mit solcher Gründlichkeit, mit solch' leidenschaftslosem sittlichem Ernste die Habsucht und Herrschsucht der Geistlichkeit, ihre Uebergriffe und Missbräuche geschildert, die Rechte des Staats gegenüber der Kirche so überzeugend und mannhaft vertheidigt wie er.

„Wir haben gesehen" — sagt er, vom vierten Jahrhundert zu sprechen beginnend — „wie die Kirche in den ersten drei Jahrhunderten sich in die Angelegenheiten des Staats nicht mischte; wir werden nun sehen, wie sie in den spätern Jahrhunderten monströs verändert, nicht nur die staatlichen Verhältnisse ganz verwirrt und ungemein beeinflusst, sondern den Staat ganz der Kirche zu unterwerfen bestrebt ist."

Mit dieser Tendenz schildert er durchgehends in seinem Werke den Kampf zwischen Staat und Kirche, den Kampf, der noch jetzt fortwährt, aber vom erstarkten Staat mit ganz andern Waffen und bessern Verbündeten geführt wird als zur Zeit Giannone's. Er erzählt uns, wie der Clerus immerfort bestrebt war die Unwissenheit und den Aberglauben des Volks zu benützen, um sich zu bereichern, wie die Päpste in ihren Herrschgelüsten immer weiter gingen, die Rechte der Staaten zu beeinträchtigen und die Fürsten sich unterthänig zu machen suchten.

Es war vor anderthalb Jahrhunderten eine fast tollkühne That, ein solches Werk im erzkatholischen Neapel, in der Stadt des heiligen Januarius herauszugeben, und Giannone musste diese Kühnheit büssen. Heimlich wurde die erste Auflage seines Werkes gedruckt, da man Störungen und Hindernisse seitens der Geistlichkeit befürchtete, und als sie im März 1723 mit Bewilligung des österreichischen Vicekönigs Cardinal Althann erschien, da brach der Sturm los. Der Erzbischof von Neapel, Cardinal Pignatelli, excommunicirte zuerst den Drucker und dann den Verfasser, in offenbarer Verletzung der Gesetze. Von den Kanzeln wurde gegen Giannone gepredigt und der Pöbel aufgehetzt. Man verbreitete das Gerücht, dass der heilige Januarius diesmal sein übliches Blutwunder nicht thun werde, weil man einen so gottlosen Menschen wie den Verfasser der Geschichte von Neapel unverletzt und ungestraft liess. Diese Hetzereien hatten den gewünschten Erfolg, Giannone wurde wiederholt auf der Strasse angefallen und konnte sich nur mit Mühe retten.

Der Vicekönig, der anfangs einige Energie gezeigt und einen Jesuiten, der gegen Giannone predigte, ausgewiesen hatte, liess bald in seinem Eifer nach; ja er verbot sogar den Verkauf der Storia, und kehrte den Cardinal mehr als den österreichischen Gouverneur hervor. Als der deutsche Baron Fleischmann dem Historiker eine **geheime** Audienz bei Althann verschaffte, rieth ihm dieser nach Wien zu gehen, um dem Kaiser die Angelegenheit vorzulegen, bis zur Abreise aber zu seiner Sicherheit sich nicht auf der Strasse zu zeigen.

Giannone befolgte diesen Rath und ging über Triest nach Wien, wo er Ende Mai 1723 ankam. Hier begann nun ein Kampf zwischen den Feinden des freisinnigen Historikers, den Agenten und Werkzeugen der neapolitanischen Pfaffen und der römischen Curie einerseits, und den Freunden der Bildung und Aufklärung, den Verfechtern der Rechte des Staats gegen die Anmassungen der Geistlichkeit andererseits. Besonders warm nahmen sich die gelehrten Italiener, der kaiserliche Leibarzt Garelli, der Fiscal des spanischen Raths Riccardi, und der Hofbibliothekar Gentilotti des Verfolgten an. In den höhern Regierungskreisen waren Prinz Eugen, der Hofkanzler Sinzendorf und der Erzbischof von

Valencia vorzüglich eifrige Protectoren Giannone's, in dessen Person sie auch die Rechte des Staats vertheidigten, und verlangten sie scharfe Massregeln gegen die Uebergriffe Pignatelli's. Dagegen wollten der Staatssecretär Marquis Realp und Andere es nicht mit der römischen Curie verderben, und verhielten sich kühl gegen Giannone. Seine Gegner suchten ihn beim Kaiser auf allerlei Art zu verleumden, während Gentilotti den Monarchen für ihn günstig zu stimmen suchte. Der Kaiser wollte sich nicht auf Andere verlassen, liess sich daher das Werk Giannone's bringen und nahm es nach Prag mit, wo er sämmtliche vier Quartbände des nicht eben amusanten Werkes durchlas. Die Folge davon war, dass er dem Verfasser eine Audienz bewilligte, in der er ihn sehr freundlich behandelte und sich von ihm alle Verfolgungen, die er in Neapel ausgestanden hatte, erzählen liess. Der Kaiser empfing ihn später noch einige Mal, und hätte ihm gewiss ein hohes Amt in Neapel verliehen, wenn nicht die römische Curie (der Papst hatte inzwischen die Storia verboten) beständig gegen ihn intriguirt hätte. So begnügte sich denn der Kaiser, ihm als Zeichen seines Wohlwollens eine Pension von tausend Gulden jährlich aus den Einkünften Siciliens zu verleihen.

In dem betreffenden kaiserlichen Decret vom 31. October 1724 heisst es, dass der Kaiser „in Anerkennung der ihm von Giannone in Vertheidigung der kaiserlichen Gerechtsame geleisteten wichtigen Dienste beschlossen habe, ihm ein seiner ausgezeichneten Gelehrsamkeit und seinen Verdiensten entsprechendes Amt zu verleihen. Da aber gegenwärtig kein solches Amt vacant sei, so ist ihm, bis sich ein solches finden werde, die Pension von tausend Gulden in monatlichen Raten auszuzahlen".

Inzwischen kam auch eine Art Aussöhnung mit dem Erzbischof von Neapel zu Stande. Giannone schrieb ihm einen Brief, in welchem er sich entschuldigte, dass er seine Geschichte ohne dessen Censur herausgegeben, und der Erzbischof hob dagegen die Excommunication auf. Der Vicekönig Althann, der sich trotz des Drängens von Prinz Eugen und Sinzendorf zu energischen Massregeln gegen den Erzbischof nicht entschliessen konnte, liess nun die ganze Angelegenheit einschlafen, womit, wie es scheint, auch Giannone zufrieden war.

Da die Geistlichen ihren Hauptzweck, ihn von Neapel und von einem Amte fern zu halten, erreicht hatten, so liessen sie ihn für einige Zeit im ruhigen Genuss seiner Pension in Wien. Giannone führte dort durch eilf Jahre ein recht angenehmes Leben im Kreise der zahlreichen italienischen Colonie, und erfreute sich grossen Ansehens. Alle Männer von Bildung, alle Fremden von Distinction, die nach Wien kamen, suchten ihn auf. Er verbrachte einen grossen Theil seiner Zeit mit Studien auf der Hofbibliothek, wobei ihm Garelli und der Custos Forlosia sehr freundlich an die Hand gingen. Zusammen mit Garelli beschäftigte er sich auch mit Reformprojecten für die Universität Neapel.

In Wien begann Giannone und schrieb einen grossen Theil seines später in Genf vollendeten, aber nicht gedruckten interessanten Werkes „Il Triregno", das dreifache (irdische, himmlische und päpstliche) Reich — dessen letztes Buch eine Art politische Geschichte des Papstthums ist, und in dem er den Uebergriffen der Geistlichkeit noch schärfer zu Leibe geht, ihre Ränke und übles Treiben noch lebhafter schildert als in der Geschichte von Neapel, ja sich mitunter auch zu ganz protestantischen Anschauungen hinneigt.

Inzwischen fand seine Geschichte immer weitere Verbreitung; sie wurde in's Englische und Französische übersetzt, und selbst in Ungarn durch General Marulli verbreitet. Die englische Uebersetzung ist vom Schiffscapitän Ogilvie, der sie auf einer Reise nach Nowaja Semlja geschrieben hatte und als er sie herausgab dem Autor ein Honorar von fünfhundert Gulden nach Wien schickte.

Wohl in Folge des Beifalls, den das Werk in ganz Europa fand, wurden die Jesuiten in ihren heimlichen und öffentlichen Angriffen auf den Verfasser wieder eifriger. Zu seiner Vertheidigung schrieb Giannone im Jahre 1729 sein ironisches „Glaubensbekenntniss", eine scharfe und geistreiche Schrift gegen die Jesuiten und den römischen Hof, welche in Venedig gedruckt wurde, und in Amsterdam erschien einige Jahre später (1738) eine Auswahl der den Römlingen besonders anstössigen Stellen aus der Geschichte von Neapel unter dem Titel „Anecdotes ecclesiastiques, contenant la police et la discipline de l'eglise chretienne depuis son etablissement jusqu'au XI. siècle, les intrigues des evcques de Rome et leurs usurpations sur le temporel des souverains, tirées de l'histoire du royaume de Naples de Giannone, brulée à Rome".

Giannone beschäftigte sich in Wien auch als Advocat, da ihm von Auswärtigen, besonders von seinen Landsleuten, die Vertretung in wichtigen Processen mit Vorliebe übertragen wurde. Doch findet sich in den „k. k. Staats- und Standkalendern" jener Zeit sein Name nicht unter den der angestellten Wiener Advocaten, und fand er überhaupt, dass das Advocatenhandwerk in Wien wenig geachtet und nicht einträglich war.

Da die Behörden und Advocaten von Neapel sehr oft Veranlassung fanden, sich nach Wien zu wenden, oder bei den dortigen Ministerien und anderen Aemtern wichtige Interessen zu vertreten hatten, so schrieb Giannone 1730 auf deren Ansuchen einen „Leitfaden der Wiener Aemter" (Breve relazione dei consigli e dicasteri della città di Vienna).

Wien war damals die Residenz des deutschen Kaisers, des Beherrschers der schönsten Provinzen aus dem spanischen Erbe; es war die Hauptstadt der österreichischen Erblande, der Länder der böhmischen und ungarischen Krone. Alle diese Länder wurden von verschiedenen von einander unabhängigen Kanzleien, Räthen und Kammern (welche wir jetzt mit dem gemeinsamen Namen Ministerien bezeichnen würden) nach verschiedenen Gesetzen, in verschiedener Sprache regiert und verwaltet. Ja sogar ein Inquisitionstribunal für Sicilien existirte damals in Wien. Nach Wien kamen Stellen- und Gnadensuchende, Appellanten und berichterstattende Beamte aus Palermo und Brüssel, aus Neapel und dem deutschen Reich, aus Ungarn und Mailand, aus Breslau und Belgrad. Der sogenannte spanische Rath für Belgien und die italienischen Provinzen amtirte in spanischer Sprache, der Reichshofrath deutsch und lateinisch, die ungarische Hofkanzlei lateinisch und ungarisch.

In diesem Wirrwar von verschiedenartigen Aemtern, für welche, wie Giannone sagt, innerhalb der Mauern der Stadt kaum genug Platz zu sein schien, sich zurechtzufinden, war dem Einheimischen schwierig, für den Fremden eine kaum zu bewältigende

Aufgabe. Für diese war also Giannone's Handbuch, in welchem er die Competenz, Art der Geschäftsbehandlung, den Wirkungskreis, ja manchmal auch die Geschichte und das Local eines jeden Amtes, die Bezüge, Titel und Zahl der Beamten angibt, ein sehr werthvoller Führer, das ihnen Staatshandbuch und Schematismus ersetzte; aber auch mehr als diese bot, und noch für uns einen hohen historischen Werth hat, trotz mancher Unrichtigkeiten, welche ihm die zeitgenössische Kritik vorwarf.

Dieses Werkchen wurde erst nach dem Tode des Verfassers gedruckt, aber bald nachdem er es geschrieben von Forlosia, einem Freunde des Verfassers und Beamten der Wiener Hofbibliothek, in's Lateinische übersetzt. Es ist charakteristisch für jene Zeit, dass die Leipziger Censur den Druck dieser Uebersetzung nicht gestatten wollte, weil sie darin „dem Protestantismus schädliche Propositionen" fand — in dem Werke des von der römischen Curie verfolgten freisinnigen Schriftstellers, der so die Ehre hatte eines seiner Werke vom Papste, das andere von einem protestantischen Censor verboten zu sehen, während er vom deutschen Kaiser eine Pension bezog und in Wien geehrt und geachtet lebte.

Die Republik Venedig, welche Giannone in seiner Geschichte von Neapel nicht geschont hatte, war später grossmüthig genug ihm eine Professur in Padua anzubieten, und gestattete jetzt auch den Druck der Uebersetzung des gefährlichen Handbuchs der Wiener Aemter, das dort 1734 erschien. Gleichzeitig stach der Maler Sedelmayr in Wien Giannone's Bild in Kupfer für die französische Uebersetzung seiner Geschichte, welche in einer anderen Republik — Genf erschien.

Doch die schönen Tage von Wien nahmen für den Verfolgten bald ein Ende. Die Spanier eroberten 1734 Neapel und Sicilien, welche der Kaiser dem Infanten Don Carlos abtreten musste. Giannone verlor seine Pension und hörte auf Unterthan Karl's VI. zu sein. Auf Anrathen Garelli's verliess er Wien im August 1734, um nach Neapel zu gehen. Von Venedig, wo er sich einige Zeit aufhielt, vertrieben ihn die Verleumdungen und Intriguen der Jesuiten. Aus Turin und aus Mailand, wo damals der König von Sardinien an der Spitze französischer und sardinischer Truppen commandirte, wurde er ausgewiesen. Der neue König von Neapel wollte ihm auf Anstiften der Curie die Rückkehr in seine Heimat nicht gestatten, und der arme Giannone konnte die verspätete Genugthuung durch seinen Nachfolger Ferdinand IV., welcher 35 Jahre später dem Sohne des „grössten, nützlichsten, ungerecht verfolgten Neapolitaners dieses Jahrhunderts" eine Pension gewährte, nicht erleben. Er ging daher nach Genf, dem Asyle der Verfolgten. Von dort wurde er durch einen Verräther auf savoysches Gebiet gelockt, und da, dem Papste zu Gefallen, mit seinem Sohne eingekerkert, und in den Citadellen von Miolans und Turin zwölf Jahre gefangen gehalten. Sein Sohn, welcher 1737 freigelassen, aber aus den sardinischen Staaten ausgewiesen wurde, ging nach Ungarn, und diente dort mehrere Jahre in der österreichischen Armee, im Regimente Marulli.

Obwohl Giannone einen Widerruf seiner „ketzerischen Behauptungen und Ansichten" unterzeichnete und von der Inquisition freigesprochen wurde, wollte ihn der König von Sardinien doch aus dem Gefängnisse, in dem er übrigens gut behandelt wurde, nicht entlassen, und so starb er am 17. März 1748, hundert Jahre vor den österreichisch-deutschen Freiheitstagen, in der Citadelle von Turin [1]).

Ueberall verfolgt und gehetzt, hat der gelehrte und gemässigte Gegner der Geistlichkeit nur in der Republik Genf und am österreichischen Hofe Ruhe und Schutz gefunden. Das war vor anderthalb Jahrhunderten! —

3. Franz Anton Spada.

Gleichzeitig mit Giannone verliess auch ein anderer Neapolitaner, Franz Anton Spada (geb. 1688) die Kaiserstadt, wo er längere Zeit gelebt und ein Werk über den Ursprung und die Entwicklung der Staaten (Antelucanae vigiliae, 3 Bände 4°)

---

[1]) Lombardi l. c. libro III. cap. I. 20. vol. IV. S. 97—107. — Corniani l. c. epoca IX. art. 15. vol. II. 233. — Apostolo Zeno, Brief vom 23. Mai 1723. vol. III. 368. Wurzbach l. c. V. 178. Maffei l. c. libro V. cap. 7. vol. III. 230. Wachler l. c., Bd. II. Abth. I. S. 194. — Vita di Pietro Giannone scritta da Lionardo Panzini im ersten Bande der Ausgabe von G.'s Werken. Mailand 1823—24.

geschrieben hatte. Er endete 1736 in seinem Vaterlande durch Selbstmord ¹).

4. Ludwig Anton Muratori.

In demselben Jahre mit Giannone's Geschichtswerk erschien in Mailand der erste dem Kaiser Karl gewidmete Band von Muratori's grosser Sammlung italienischer Geschichtsschreiber, zu deren Herausgabe eine Gesellschaft mailändischer Edelleute die Mittel geliefert hatte. Der Kaiser gewährte dieser Gesellschaft Censurfreiheit, ernannte Muratori zum Reichshistoriographen und verlieh seinem Mitarbeiter Argelati den Titel eines kaiserlichen Secretärs und eine Pension von 300 Scudi. Es ist jedoch dabei nicht zu vergessen, dass Muratori das Dediciren gleichsam gewerbsmässig betrieb, und fast jeden Band dieser Sammlung einem Anderen widmete; so den dreizehnten dem Cardinal Cusani, den vierzehnten dem Cardinal Cienfugos, die früheren Bände den Republiken Venedig und Lucca, den Herzogen von Parma, Modena u. s. w. Eine mediceische Prinzessin verbat sich eine solche Widmung, wie Muratori selbst sagt, aus „ökonomischen Gründen" ²).

5. Anton Vallisnieri.

Auch der berühmte Naturforscher und Arzt Anton Vallisnieri (1661 — 1730) aus dem Modenesischen erfreute sich der Gunst des Kaisers, dem er sein von Buffon sehr gelobtes Werk: „Zeugungsgeschichte des Menschen und der Thiere" (Istoria della generazione dell'uomo e degli animali. Venedig 1721) widmete, wofür er zum kaiserlichen Kammerherrn ernannt wurde ³).

---

¹) Lombardi l. c. libro III. cap. VI. 66. vol. VI. 178.

²) Lombardi l. c. libro III. cap. I. 7. vol. IV. 70. 169. libro III. cap. VI. 71 vol. VI. 188. — Graf Mailath, Geschichte des österreichischen Kaiserstaates. Hauptst. 13. Cap. 76. Bd. IV. 546. Hamburg 1850. — Muratori, lettere inedite. S. 315. 316. 365. 422 und die Noten dazu von Polidori.

³) G. Tiraboschi, Biblioteca modenese. Modena 1784. Bd. V. 333. — Grässe, Dr. J. G. Th. Handbuch der allgemeinen Literaturgeschichte. Leipzig 1850. Bd. IV. 738.

6. Johann B. Gentilotti, P. N. Garelli, A. Riccardi, Gabr. Longobardi.

Als Vorstand der kais. Hofbibliothek fungirte seit dem Jahre 1705 Joh. B. Gentilotti von Engelsbrunn (geb. 1671), der selbst eine schöne Privatbibliothek besass. Er war ein sehr geistreicher, ehrenhafter und gelehrter Mann, ein grosser Kenner der deutschen Geschichte, und verstand ausser seiner Muttersprache deutsch, französisch, lateinisch, griechisch und hebräisch. Er stand mit den hervorragendsten Gelehrten seiner Zeit in Correspondenz, schrieb aber selbst nur wenig. Sein Hauptwerk ist der Handschriftenkatalog der Wiener Hofbibliothek, welcher ein Manuscript von zehn Foliobänden bildete. Daselbst findet sich auch von ihm das Manuscript eines „Tractatus de methodo addiscendae historiae" (Cod. 9376). Gentilotti stand bis 1722 an der Spitze der Hofbibliothek, und als er in diesem Jahre zum Auditor der Ruota in Rom ernannt wurde, traten zwei andere Italiener, Garelli und Riccardi an seine Stelle. Gentilotti hat die Gunst von drei Kaisern genossen, und als er 1725 starb, war Kaiser Karl über seinen Tod ganz untröstlich [1]).

Grosses Ansehen genoss auch sein Nachfolger in der Hofbibliothek der kaiserliche Protomedicus Pius Nikolaus Garelli aus Bologna (1670 — 1739), dessen Vater schon Leibarzt des Kaisers Leopold gewesen war. Auf einer Reise in Kärnten und Steiermark sammelte er viele römische Inschriften und Sculpturreste, welche er in der Stiegenhalle der Hofbibliothek anbringen liess, die sie noch jetzt zieren. Er besass auch eine reichhaltige Privatbibliothek, von der er bei seinem Tode einen grossen Theil der Hofbibliothek vermachte. Sein Sohn, welcher einige Jahre später starb, vermachte auch den Rest seiner Bibliothek dem Staate, und kam dann ein Theil davon in die theresianische Akademie, ein anderer nach Lemberg [2]).

---

[1]) Zeno's Briefe. II. 452; III. 53. 360; IV. 59. 78. 80. — Oesterreichische National-Encyklopädie. II. 599. — Wurzbach l. c. V. 89. — Lombardi l. c. libro II. cap. I. 33. vol. I. 193.

[2]) Wurzbach l. c. V. 89. — Oesterr. National-Encyklopädie. II. 276. — Mailath IV. 547. — Rudolph Kink. Geschichte der k. Universität in Wien. Wien 1854. Drittes Buch. Bd. I. S. 426. Note 571.

Auch Giuseppe Ariosti sammelte in Siebenbürgen lateinische Inschriften für den Kaiser, und findet sich dessen hierauf bezüglicher Bericht handschriftlich in der Wiener kaiserl. Hofbibliothek (Cod. 8798). Von 114 Inschriften, die er aufgefunden hatte, kamen nur 47 nach Wien, die übrigen gingen verloren.

Der bereits erwähnte College Garelli's in der Hofbibliothek, der Neapolitaner Alexander Riccardi († 1726), Fiscal des spanisch-italienischen Raths in Wien, intimer Freund Giannone's, war ein grosser Kenner der Kirchengeschichte und des Kirchenrechts, und hat ein Werk über die päpstlichen Prätensionen auf neapolitanische Pfründen geschrieben. Nach seinem Tode liess Garelli in der Bibliothek eine Marmortafel mit einer lateinischen Inschrift zu seinem Gedächtnisse anbringen.

Ein anderer Neapolitaner, Gabriel Longobardi, war zwischen 1720 und 1730 kaiserlicher Leibarzt und Protomedicus des Königreichs Neapel. In ersterer Eigenschaft stand er im Range zwischen Nikolaus und Johann B. Garelli[1]).

7. Panagia, Anguisciola, Marinoni, Filippini, Paoli.

Von anderen Gelehrten aus der italienischen Colonie in Wien sind aus jener Zeit noch zu erwähnen:

Der von Zeno wegen seiner antiquarischen Kenntnisse sehr gelobte Gianbattista Panagia, welcher 1726 vom Kaiser zum Custos des Museums und der Medaillensammlung ernannt wurde.

Leander Anguisciola (1670—1730), welcher im Jahre 1700 in kaiserliche Dienste trat und 1718 zum Director der Ingenieur-Akademie ernannt wurde, auch Professor der Mathematik und Baukunst an der landständischen Akademie war. Seine interessanteste Arbeit ist der 1706 erschienene grosse Plan von Wien.

Endlich der Mathematiker und Astronom Jacob Marinoni aus Udine. (1676—1755). Er war zuerst Substitut Anguisciola's an der niederösterreichischen landständischen Akademie und dann dessen Nachfolger; auch unterrichtete er die Hofpagen. Später

---

[1]) Zeno's Briefe. II. 456. III. 53. 368; IV. 109. — Staats- und Stand-Kalender. J. 1723. S. 132 und XVIII. J. 1729. S. XVIII. J. 1731. S. XVII. — L. Panzini, Vita di Pietro Giannone. S. 50. 89. 90.

ward er auch zweiter Director der k. Ingenieur-Akademie und führte den Titel: „Kaiserlicher Hof-, wie auch der niederösterreichischen Landschaft Mathematicus." Er hatte sein eigenes Haus in Wien, in welchem sich auch die Akademie befand. Er schrieb ein Werk über Sternwarten, errichtete in Wien ein Observatorium und besass eine zahlreiche, vorzüglich an mathematischen Werken reiche Bibliothek, sowie ausgezeichnete mathematische Instrumente.

Unterdirector der Akademie und zweiter Professor der Mathematik war Peter Anton Filippini [1]).

Auch sehr viele italienische Geistliche wurden als Fastenprediger an den Hof berufen, so Sebastian Paoli, der 1722 den Titel eines k. Historiographen im Königreich Neapel erhielt, Cremona, Simonetti und Andere. Paoli schrieb 1731 eine sehr tadelnde Kritik von Giannone's Geschichte, in welcher er ihm 68 chronologische Irrthümer in einem Buche allein nachzuweisen suchte. Giannone antwortete mit einer sehr heftigen Schrift, in welcher er dem Hofprediger Unwissenheit vorwarf.

Durch Paoli schickte der Kaiser an Muratori eine goldene Kette als Geschenk für dessen Buch über die christliche Liebe [2]).

8. Theater.

Kaiser Karl war ein ebenso grosser Musik- und Theaterfreund wie sein Vater, und begünstigte vorzüglich die Theaterdichter, welche die sogenannten Drammi per musica schrieben, ein Beispiel, das auch von seinen Nachfolgern im achtzehnten Jahrhundert befolgt wurde. Die kaiserliche Capelle bestand aus mehr als hundert Personen, von denen der grösste Theil Italiener waren. Die Ausstattung der Theaterstücke war sehr prachtvoll und kostbar.

---

[1]) Zeno's Briefe. III. 45; IV. 160. — Wurzbach l. c. I. 40. — Oesterr. National-Encyklopädie. III. 575. — Lombardi l. c. libro II. capo II. 74. vol. II. 202. — Staats- und Stand-Kalender 1709. S. 107; 1721 S. 151; 1729 S. XXIII; 1731 S. 107; 1750 S. 383. — Panzini l. c. S. 94.

[2]) Zeno's Briefe. III. 145; II. 445. — Lombardi l. c. libro III. capo V. 15. libro III. cap. VI. 12. vol. V. 305; VI. 38. — Muratori, Lettere inedite. Florenz 1854. S. 293. — Panzini l. c. S. 119. 120.

Die Engländerin Lady Montague, welche bei einer solchen Aufführung zugegen war, sagt (in ihrem Briefe vom 14. September 1716), dass sie nie etwas so Prächtiges und Schönes gesehen habe, und dass die Inscenirung der Oper (es war die Angelica vincitrice d'Alcina von Pariati, welche zur Feier der Geburt des Erzherzog Leopold, Prinzen von Asturien in der kais. Favorita aufgeführt wurde) bei dreissigtausend Pfund Sterling kostete. Dagegen fand sie die italienischen Farcen, welche in Wien aufgeführt wurden, höchst dumm und langweilig und wunderte sich, wie der Hof es vier Stunden bei einer solchen Vorstellung aushalten konnte. Die Aufführung eines anderen Stückes von Pariati (im September 1723) kostete über 50.000 Gulden und dauerte beinahe sechs Stunden [1].

Was hätte unsere Engländerin erst gesagt, wenn sie die Aufführung einer Wagner'schen Oper erlebt hätte! Es sind aber gerade die Wagner'schen Opern, welche uns am ehesten einen Begriff von den „Musikdramen" geben können, welche im vorigen Jahrhundert in den italienischen Theatern so vielen Beifall fanden. Wir würden diesen Stücken grosses Unrecht thun, wenn wir sie alle schlechtweg Operntextbücher nennen möchten; da sie mit den Prätensionen wirklicher Dramen auftreten, oft einen regelmässigen dramatischen Bau haben und das Bestreben zeigen, schöne Gedanken in poetischer Sprache auszudrücken, was freilich bei den Texten Wagner's nicht gerade der Fall ist. Andererseits haben sie wieder zu wenig dramatischen Nerv, zu wenig Charakterzeichnung und -Entwicklung, sind nach den Intentionen ihrer Verfasser selbst zu sehr auf die Beihilfe der Musik und Decorationen angewiesen, um als selbstständige Tragödien gelten zu können. Doch lassen sich die besseren Stücke der besseren Dichter dieses Genre's noch jetzt mit Genuss lesen.

9. Pietro Pariati.

Von den italienischen dramatischen Dichtern am Hofe Karls VI. tritt uns der Zeit nach zuerst der jetzt ganz vergessene Pietro

---

[1] Vehse l. c. VI. 298—99. — Tiraboschi. Biblioteca modenese, IV. 38 bis 48. — Zeno's Briefe. III 378. — Letters of Lady Mary Wortley Montague. Wien 1797. vol. I. 31. 93. v. 1. Januar 1717 und 14. September 1716.

Pariati aus Reggio entgegen. Im Jahre 1665 geboren, studirte er in seiner Heimat die Rechte und erhielt 1687 das Doctordiplom. Auf eine noch nicht aufgeklärte Weise zog er sich dann die Ungnade seines Souveräns, des Herzogs Rinaldo von Modena, zu, wurde auf einige Zeit in's Gefängniss gesteckt und musste im Jahre 1700 sein Vaterländchen verlassen. Er ging nach Venedig, wo er sich mit dramatischen Arbeiten zu beschäftigen anfing, bei denen er von Apostolo Zeno sehr gefördert wurde. In Gemeinschaft mit diesem, ihm freilich überlegenen Dichter, schrieb Pariati dort zehn Dramen und in Wien den „Alexander in Sidon" sowie die komische Oper „Don Quichote". Ausserdem hatte er in Venedig selbstständig mehrere Dramen, darunter eines in Prosa, geschrieben.

Durch diese Arbeiten erwarb er sich solchen Beifall, dass er im Jahre 1714 als „kaiserlicher Kammerdichter" nach Wien berufen wurde, welches Amt er bis zu seinem Tode (1733) bekleidete, obwohl er, seit Metastasio nach Wien kam, nichts mehr für das Theater schrieb. Pariati schrieb in Wien über ein Dutzend verschiedenartiger Stücke, lyrische und prosaische Dramen, Oratorien, Hirtenspiele u. s. w., welche bei feierlichen Gelegenheiten und Hofereignissen aufgeführt wurden, und die meistens bei v. Gehlen in Wien gedruckt wurden. Seine in Compagnie mit Zeno geschriebenen Stücke sind im neunten und zehnten Bande der Poesie dramatiche des Letzteren (Venedig 1744) enthalten [1]).

Wie bereits erwähnt wurde, konnten diese Stücke nur durch die Musik und die kostbare äussere Ausstattung ihre volle Wirkung erzielen, und haben sie nur geringen literarischen Werth, obwohl Pariati sich von den Geschmacklosigkeiten seiner Vorgänger rein zu halten suchte. Wie sehr die äussere Ausstattung bei seinen Dramen die Hauptsache war, ersehen wir aus Titel und Vorrede seiner 1716 in Wien gedruckten, bereits oben erwähnten „Angelica". Da werden uns, wie in dem Theaterzettel eines modernen Ausstattungsstücks, angegeben: „Text vom kais. Poeten Pariati, Musik vom Hof-Capellmeister Fux, Balletmusik vom

---

[1]) Tiraboschi, Biblioteca modenese. IV. S. 38—48. — Mailath l. c. IV. 548. — Lombardi l. c. libro III. cap. III. 76. vol. V. 204.

Orchesterdirector Matteis, Maschinerie nach den Entwürfen des Hoftheater-Ingenieurs Ferdinand Galli-Bibbienna, ausgeführt von dessen Sohn Joseph Galli, der auch die Decorationen malte. Vorkommende Tänze: Im ersten Act: Tanz der Furien, vom Balletmeister Phillebois; im zweiten Act: Kampf der Krieger und Wilden, von den kais. Waffenmeistern Guerrieri und Gritzenbach; im dritten Act: Tanz der Ritter und Helden vom kais. Balletmeister Levasson della Motta. Decorationen und Scenenverwandlungen: Im ersten Act: Zauberpalast Alcina's über einer Gold- und Edelsteinmine, glänzend illuminirt; im zweiten Act: zwei schreckliche unbewohnte Inseln, ein feuerspeiender Berg, aus dem ein riesiges Unthier herauskommt, auf dessen Rücken sich viele Ungeheuer mit Fackeln befinden, worauf sich der Vulcan in zwei Schiffe verwandelt; im dritten Act: die glücklichen Inseln mit prachtvollen Gärten. Zum Schluss grosses Tableau: Das allgemeine Wohl (Felicità pubblica) spricht den Epilog zum Preise des Kaisers, der Kaiserin und des neugeborenen Prinzen." Vier grosse Kupfertafeln veranschaulichen uns die Decorationen und Orte der Handlung.

Der Inhalt dieses Stücks ist grösstentheils aus Ariosto's „Orlando" genommen, und was Pariati hinzugegeben, trägt eben nicht dazu bei, unser Interesse zu erregen. Gar sonderbar kommt uns der physische Kampf von Alcina und Angelica um ihre Liebhaber vor, wobei Bradamante in Gestalt Astolf's und der Zauberer Atalante in Gestalt Roland's Angelica unterstützen, während Alcina allerlei gräuliche Unthiere zu ihrer Unterstützung herbeizaubert. Endlich siegt die Partei Angelica's mit Hilfe eines von Atalante erhaltenen Zauberschildes: Roger heiratet Bradamante, Medor Angelica.

Ausser diesen Hauptpersonen kommen noch Corsaren, Chinesen, Krieger, Seeleute, Mohren, Circassier u. s. w., dann Chöre von Amoretten, Höllengestalten, Tugenden, Rittern etc. vor. Die Sprache ist im ganzen Stück ziemlich einfach und prosaisch, die Liebesscenen kühl und nüchtern, die Arien wenig musikalisch und die in ihnen vorkommenden Gleichnisse oft ziemlich hinkend. Doch findet sich auch manches Hübsche, z. B. der Chor der Geister am Ende des ersten Acts:

> Se le offende un genio infido
> Furie son le grazie ancor,
> E la face di Cupido
> Sol si accende dal furor.

10. Apostolo Zeno.

Viel bedeutender als Pariati ist sein Freund Apostolo Zeno, der ihn nicht nur als Dichter weit überragte, sondern sich auch als Historiker, Alterthumsforscher und Kritiker auszeichnete.

Von guter bürgerlicher Familie abstammend, wurde er im Jahre 1669 in Venedig geboren. Früh verlor er seinen Vater, den Arzt Peter Zeno, genoss aber unter Leitung seiner Mutter eine vortreffliche Erziehung. Schon im Alter von sechzehn Jahren schrieb er nach der Mode jener Zeit fade Sonette, die er aber mit verständiger Selbstkritik in reiferm Alter dem Feuer übergab. Seine Laufbahn als Dramatiker begann er mit Schäferspielen, wendete sich dann zu den damals so beliebten lyrischen Dramen (drammi per musica), von denen aber erst sein 1700 erschienener „Lucius Verus" sich grössern Beifalls zu erfreuen hatte.

Gleichzeitig beschäftigte sich Zeno aber auch mit ernsten Studien, gab die historischen Werke von Sabellico, Bembo und Paruta mit kritischen Anmerkungen heraus und gründete (1710) die literarische Zeitschrift Giornale dei letterati d'Italia, in welcher er sich als geschmackvoller und gelehrter Kritiker zeigte, und die, lange Zeit von ihm geleitet, grosses Ansehen in- und ausserhalb Italiens genoss.

Im Jahre 1715 starb seine Frau, mit der er in keiner glücklichen Ehe gelebt hatte, so dass er in seinen Studien Vergessen des häuslichen Kummers suchen musste.

Zeno's Ruf als Dichter und Gelehrter bewog den Kaiser Karl VI., für den er bereits das Drama „Scipio in Spanien" geschrieben hatte, das zum ersten Male im Jahre 1710 auf dem Theater von Barcellona aufgeführt wurde, während Karl als König von Spanien dort weilte, ihn im Jahre 1718 nach Wien zu berufen.

Die Bedingungen waren so ehrenhaft und glänzend, dass sich der Fünfzigjährige entschloss sein geliebtes Venedig zu verlassen.

Auf der Reise nach Wien wurde sein Wagen umgeworfen, er brach ein Bein und musste mehrere Wochen in Ponteba das Bett hüten, so dass er erst zwei Monate nach seiner Abreise von Venedig in Wien eintraf. Die ausserordentlich freundliche und gnädige Aufnahme, die er beim Kaiser fand, entschädigte ihn für alle Mühsal der Reise.

Obwohl Zeno in seinen Briefen — die beste und reichhaltigste Quelle für seine Biographie — wiederholt über das Wiener Klima, die dort herrschende Theuerung, das schlechte Essen und Trinken und die österreichische Langsamkeit klagt: „Hier kennt man nur den Schildkröten- und Schneckengang" — schrieb er nach Hause — so hatte er doch alle Ursache, mit seinem Aufenthalte in Wien und der Behandlung, die er dort fand, zufrieden zu sein. Er traf dort seine Landsleute Pariati, Gentilotti, Riccardi, Marinoni, Garelli und Andere, mit denen er angenehmen freundschaftlichen Verkehr pflog. Nur mit Garelli war er einige Zeit brouillirt, und sagte er von ihm, es wäre leichter ihn in der Ferne zum Freunde zu haben als in der Nähe.

Zeno genoss die Gunst seiner Vorgesetzten, der Hofmusikgrafen Fürst Pio und Graf Savalla, und seine Stücke wurden mit immer steigendem Beifall aufgeführt [1]).

Vorzüglich aber war es die Gunst und die Munificenz des Kaisers, welche ihn in hohem Masse glücklich machten. Man ersieht aus seinen Briefen die hohe Verehrung und Dankbarkeit, die er für den Kaiser hegte, von dem er oft mit wahrem Enthusiasmus spricht. Seine treue Anhänglichkeit an den Kaiser zeigt sich auch in einem Briefe, den er, lange nachdem er Wien verlassen hatte, über den schlechten Stand der kaiserlichen Angelegenheiten in der Lombardei schrieb [2]).

Zeno hatte aber auch alle Ursache dem Kaiser dankbar zu

---

[1]) Zeno's Briefe. II. 417. 421. 424. 431. 444. 448. 461; III. 135; IV. 63; VI. 93. 105.

[2]) Brief vom 10. Juli 1734. Bd. V. S. 29.

sein; denn nicht nur, dass er ihm den für jene Zeit enorm hohen Gehalt von viertausend Gulden jährlich gewährte, gab er ihm auch ausserdem reichliche Geschenke. Ja einmal schenkte er ihm einen Diamantring im Werthe von 17.000 Gulden, wie Zeno selbst schrieb, der hier wohl eine Null zu viel ansetzte.

Mehr aber noch als diese Geschenke verdient das freundliche, herablassende Benehmen des Kaisers gegen den Dichter, mit dem er sich oft und gern unterhielt, hervorgehoben zu werden. Als er bei der ersten Audienz bemerkte, dass Zeno das Gehen wegen seines kranken Fusses schwer fiel, ging er ihm entgegen, und beendigte die Audienz als er wahrnahm, dass Zeno vom Stehen müde geworden. Der Kaiser zeigte sich über seine Werke und über die italienische Literatur im Allgemeinen sehr gut unterrichtet; er las fleissig Zeno's literarische Zeitschrift, bat diesen, ihm über neue Erscheinungen der italienischen Literatur zu berichten und zeigte ihm alle neuen Bücher, welche er selbst kaufte.

„Es ist kaum zu glauben, dass der Beherrscher eines so grossen Reichs eine so umfassende Kenntniss der Literatur besitzen soll" — sagt Zeno — „Er hat ein merkwürdig feines Urtheil in literarischen Fragen und ein wunderbares Gedächtniss. Er weiss sich noch sehr gut vieler Stellen aus den Werken Seneca's und Epictets zu erinnern, die er vor vierzehn Jahren gelesen hat. Er spricht sehr gut lateinisch, italienisch, französisch und spanisch."

Der Kaiser hatte Zeno zum Historiographen und Hofpoeten ernannt, da dieser den Titel „erster kaiserlicher Dichter" aus Rücksicht auf seinen Freund Pariati nicht annehmen wollte. Im Jahre 1731 finden wir im Staatskalender Apostolo Zeno als Poeten und Historicus, Pariati und Metastasio in zweiter Reihe als „italienische Poeten" aufgeführt. Ausserdem gab es noch einen „teutschen Poeten Antonius Procoff" und einen „Historicus" Franz Wilhelm Triangi am kaiserlichen Hofe. Von der Krönung eines lateinischen Poeten Franz Pankl aus Szolnok, berichtet Zeno im Jahre 1725.

Schon bei der ersten Audienz Zeno's äusserte der Kaiser den Wunsch, in Wien eine Art literarischen Congresses zu versammeln und eine literarische Akademie zu gründen, und noch in demselben Monate ernannte er Zeno, Garelli, Gentilotti und Riccardi zu Mitgliedern des Comité's, welches die Statuten der Akademie entwerfen sollte, die aber aus unbekannten Ursachen nicht zu Stande gekommen ist.

Im Jahre 1726 wurde Zeno vom Kaiser zum Mitglied der Commission ernannt, welche unter dem Vorsitze des Grafen Cobenzl die Medaillensammlung katalogisiren sollte.

Zeno's Aufenthalt in Wien, der nur von den Sommeraufenthalten in Baden und Mödling und einigen Reisen nach Prag und Venedig unterbrochen wurde, dauerte bis zum Jahre 1729, in dem ihn seine Kränklichkeit und hohes Alter bewogen, um seine Entlassung zu bitten. Er erhielt sie in der ehrenvollsten und gnädigsten Weise, unter Fortbezug des vollen Gehalts gegen das Versprechen jährlich ein Drama für das kaiserliche Theater zu schreiben [1]).

Nach dem Gebrauche jener Zeit erhielt ein dramatischer Dichter weder Tantièmen noch Honorar für seine Werke; aber er bezog seinen reichlichen Gehalt als Hofdichter und hatte dafür die Verpflichtung zu bestimmten Zeiten, besonders zu Geburts- oder Namenstagen von Mitgliedern der kaiserlichen Familie, zum Carneval u. s. w. Theaterstücke zu liefern, welche gewöhnlich nur einige Male aufgeführt wurden. Als Zeno zur Feier der Vermälung der Erzherzogin Maria Josepha mit dem Kurprinzen von Sachsen ein Drama geschrieben hatte, durfte dessen Aufführung nicht wiederholt werden, da der Hofrath dem Kaiser vorstellte, es wäre nicht üblich, dass Stücke, welche aus Anlass einer so hohen Feier geschrieben wurden, noch bei anderen Gelegenheiten gespielt werden [2]).

Als Epilog hatten diese Stücke meistens eine sogenannte Licenza, in welcher das Lob des Kaisers oder der Kaiserin gesungen wurde, wobei Zeno gewöhnlich zu vergessen schien, was er einmal selbst gesagt hatte, nämlich, dass der Kaiser es nicht gerne sehe, wenn er zu sehr gelobt wird.

---

[1]) Zeno's Briefe. II. 439. 445. 451. 456; I. 433. 436. 439; III. 12, 110. 266. 212. 20. 210. 362; IV. 86. 51. — Corniani. l. c. II. 202. — K. K. Staats- und Stand-Kalender. Jahr 1731 S. VI; J. 1723 S. VI.

[2]) Zeno's Briefe. III. 67.

Wenn uns diese übertriebenen Lobpreisungen jetzt geschmacklos vorkommen, so sind sie doch viel feiner und geschickter als die Leistungen der deutschen Hofpoeten jener Zeit — der Pietsch, Besser, Heräus u. s. w.

Das erste Stück Zeno's, das in Wien aufgeführt wurde, war die „Iphigenia", welche trotz feindlicher Intriguen sehr gut aufgenommen wurde. Noch grösseren Beifall fand sein 1719 aufgeführter „Don Quixote", an dem Pariati mitgearbeitet hatte, und dem, wie Zeno bescheiden sagte, das meiste Lob dafür gebührte. Wie man dieses witz- und geistlose Stück so sehr bewundern konnte, ist freilich heutzutage schwer zu begreifen.

Im Jahre 1724 wurde ein Drama Zeno's zur Feier der Entbindung der Kaiserin von Damen und Herren des Hofes in der Burg vor geladenen Zuschauern aufgeführt. Der Kaiser selbst dirigirte das Orchester, und im Ballet wirkten ausser Kindern des hohen Adels auch zwei junge Erzherzoginnen mit.

Nachdem Zeno Wien verlassen hatte, kam er noch einmal im Juni 1731 dahin zum Besuch, und wurde vom Kaiser sehr huldvoll aufgenommen. Die letzten zwanzig Jahre seines Lebens verbrachte er meistens in Venedig, mit seinen gelehrten Forschungen und mit Arbeiten für das Theater beschäftigt. Während seines Aufenthaltes in Wien hatte er die Dramen „Lucius Papirius", „Sirita", „Hormisdas", „Merides und Seliunt" (die Bürgschaft), „Nitocris", „Andromache", „Gianguir", „Eurystheus", „Semiramis", „die Dictatoren", „Ornospades", „Imeneus", „Mithridates", „Fabricius" und einige Oratorien (azioni sacre) geschrieben. In Venedig schrieb er noch die „Oenone" und einige biblische Dramen für das Wiener Theater.

Er blieb in Venedig fortwährend in Verkehr mit dem Wiener Hofe, schickte dem Kaiser seine neuen dramatischen Werke und einmal als Geschenk für das Museum eine Isis von grünem Porphyr, welche er für vierzig Zechinen gekauft hatte. Ein furchtbarer Schlag war für ihn die Nachricht vom Tode des Kaisers, den er seinen Wohlthäter, Freund und Vater nannte.

So lange der Kaiser lebte bezog Zeno regelmässig seinen Gehalt und auch die Kaiserin Maria Theresia, welche, wie Zeno sich ausdrückt, „mit den alten Dienern des guten Kaisers Mitleid hatte", zeigte sich ihm gegenüber „voll Güte als wahre Tochter des Hauses Habsburg". Allein die traurige Lage der österreichischen Finanzen während des Erbfolgekrieges machten sich nach einigen Jahren auch dem alten Hofdichter fühlbar.

Auch die Leiden und Krankheiten des Alters suchten ihn immer mehr heim. Im August 1750 schrieb er dem Marchese Gravisi, dass er weder Hände noch Füsse, ja beinahe auch die Zunge nicht mehr bewegen könne, und am 11. November desselben Jahres starb er, fromm und gottvertrauend, wie er gelebt, im Alter von 81 Jahren. Seine reichhaltige Bibliothek von mehr als zehntausend Bänden hinterliess er den Dominikanern[1]).

Obwohl Zeno kein Dichter oder Gelehrter ersten Ranges, ja als Dichter kaum zweiten Ranges war, so hat er doch für die italienische Literatur seiner Zeit eine so grosse Bedeutung, dass wir uns etwas länger bei seinen Werken aufhalten müssen. Unter diesen nehmen seine dramatischen Arbeiten (Poesie dramatiche, 10 Bände, Venedig 1744; 11 Bände, Orleans 1785; 12 Bände, Turin 1795) an Zahl und Bedeutung die hervorragendste Stelle ein. Im Laufe eines halben Jahrhunderts hat er bei sechzig Dramen und Oratorien geschrieben, die an Werth so verschieden sind, dass sich ein zusammenfassendes Urtheil über sie kaum abgeben lässt, während wieder ein Eingehen auf Einzelnes sich nur wenig lohnen und uns hier jedenfalls zu weit führen würde.

Im Allgemeinen darf man bei Beurtheilung seiner Dramen zwei Umstände nicht vergessen: Erstens, dass sie zur Aufführung unter Musikbegleitung bestimmt waren, ja dass oft die Musik und äussere Ausstattung das Wichtigste waren, und sie daher beim Lesen einen viel schwächern Eindruck machen als bei der Aufführung. Der Dichter selbst kannte sehr gut diesen Nachtheil, und klagte darüber, dass man bei einem Drama dem Unfug des Zeitgeschmacks, den Decorationen und der Musik sich fügen müsse.

---

[1]) Zeno's Briefe. II. 443; III. 11. 419. 446. 418; IV. 312; V. 277; VI. 80. 81. 78. 172. 264. 403. — Lombardi l. c. libro III. capo III. 75. 76. vol. V. 200—204. — Corniani l. c. epoca nona art. 7. vol. II. 203—206. — Staats- und Stand-Kalender. J. 1750 S. 371.

Zweitens leiden Zeno's Dramen jetzt bei der Beurtheilung darunter, dass man sie gewöhnlich mit denen seines grössern Nachfolgers (Metastasio) anstatt mit denen seiner Vorgänger vergleicht. Zeno selbst begann eine geringere Meinung von seinen dramatischen Arbeiten zu hegen, als ihm die Metastasio's mehr bekannt wurden. So schrieb er z. B. im Jahre 1735: „Ich lege jetzt geringen Werth auf meine Dramen und bereue sie geschrieben zu haben. Mit Ausnahme einiger sind sie alle misslungene Machwerke." Dagegen aber hob sein jüngerer Rival in richtiger Beurtheilung der Verhältnisse neidlos die Verdienste Zeno's hervor. „Ich schätze und achte Zeno ungemein" — schrieb er an den Verleger Bettinelli in Venedig — „und stimme in alles Lob ein, das man ihm gibt." Lange nach Zeno's Tode schrieb er an Fabroni: „Man muss ihm jedenfalls das Verdienst lassen, dass er mit glücklichem Erfolg gezeigt hat, dass italienisches Drama und gesunder Menschenverstand keine mit einander unverträgliche Begriffe sind, wie es die Dichter zu glauben schienen, welche vor ihm das Theater beherrschten und den Beifall des Publicums ernteten. Zeno begann in seinen Dramen die Gesetze der Wahrscheinlichkeit zu befolgen, er hielt sich rein von dem schwülstigen Style jener Zeit, rein von dem Schmutzigen und Gemeinen, das die Werke seiner Vorgänger entstellt. Das sind Verdienste, welche ihm die Dankbarkeit und Achtung der Nachwelt sichern" [1]).

Ein Jahrhundert lag zwischen dem ersten italienischen Melodram (Rinuccini's „Daphne", welche von Opitz in's Deutsche übersetzt wurde) und dem ersten Auftreten Zeno's, und in diesem langen Zeitraume war kein irgendwie bedeutender Fortschritt in der Gattung wahrzunehmen gewesen. Man suchte zwar den Stücken etwas mehr, ja manchmal zu viel Handlung zu geben, man brachte durch die Arien Abwechslung in das einförmige Recitativ, man fügte Duette und Terzette ein; aber die Sprache ward nicht schöner, die Behandlung nicht poetischer, der Inhalt

---

[1]) Zeno's Briefe. III. 93. V. 152. — Metastasio's Briefe vom 10. Juni 1747 und 7. December 1767 in Opere di Pietro Metastasio. Florenz 1826. IV. 623. 711.

nicht wahrscheinlicher. Erst Zeno und sein Gehilfe Pariati brachten eine heilsame Reform. Zeno schuf zuerst regelmässig aufgebaute Stücke in reinem, erhabenem Style mit wohlklingender Versification; und Metastasio hatte nur noch einen kleinen Schritt zu thun, um das Musikdrama zu der Vollendung zu bringen, welche es seiner Natur nach überhaupt erreichen konnte[1]).

Der classisch gebildete Zeno nahm sich die Griechen zum Muster, zog, sowie die französischen Tragiker, die er fleissig studirte, die Sujets zu seinen Stücken vorzüglich aus der alten, der persischen und byzantinischen Geschichte. Wo er die Franzosen benutzte oder nachahmte, hat er es sehr gewissenhaft angegeben; so z. B. in den Vorreden zu „Andromache", „Astarte". „Sesostris" und „Mithridat". (Siehe auch seinen Brief vom 27. September 1735, V. 152.)

Dagegen scheint er Shakespeare gar nicht gekannt zu haben, denn er schrieb (1706) einen „Hamlet", welcher, wie er selbst sagt, theils auf der Erzählung des Saxo Gramaticus, theils auf eigener Erfindung beruht. Das Wenige, das von letzterer darin enthalten ist, genügt, um das Stück zu einem der lächerlichsten Ungethüme zu machen, die je die Bühne betreten, und wer es gelesen hat, wird den venetianer Dichter und Gelehrten von dem Verdachte freisprechen, dass er je die Tragödie des grossen Briten gesehen habe.

Es wäre unrecht Zeno nach diesem vielleicht schwächsten seiner Stücke zu beurtheilen; aber um die Art der Behandlung zu charakterisiren, müssen wir doch Einiges hervorheben:

Die Königin hasst den König Fengo (Claudius), von dem sie weiss, dass er der Mörder ihres ersten Gatten ist und das Leben ihres Sohnes Hamlet bedroht. Sie nennt ihn (bei Seite) „ruchloses Ungeheuer", verräth ihm aber doch alle Anschläge, welche Hamlet gegen ihn macht, weil es ihre Pflicht als Gattin so verlangt. Hamlet spricht in einem Monolog offen seine Absicht aus den Wahnsinnigen zu spielen, fällt aber sehr oft aus seiner

---

[1]) Sismondi l. c. II. 291. — Giovanni Andres, Dell' origine, progressi e stato attuale d' ogni letteratura. Parma 1785. vol. II. libro I. cap. IV. 384. — Arteaga I. 247. 301; II. S. 73.

Rolle. Der König, um ihn zu prüfen, schickt zuerst die Prinzessin Vermonda zu Hamlet, welche aber diesem verräth, dass sie vom Könige belauscht werden. Das zweite Mal soll Hamlet von Irildo (Polonius) belauscht werden, aber auch dieser Anschlag wird verrathen, und Hamlet tödtet den Horcher. Endlich versucht Fengo den Prinzen betrunken zu machen, aber auch diese List misslingt.

Der Geist von Hamlet's Vater zeigt sich nicht dem Sohne, erscheint aber der Königin im Traume, welche über diese Störung ihres Schlafs höchst ungehalten, ihrem zweiten Manne eine schreckliche Gardinenpredigt hält, wobei sie ihm erklärt, dass sie wohl seine Gattin, aber nicht seine Geliebte ist. Sie behauptet zwar von Fengo zur Heirat gezwungen worden zu sein, nimmt es aber höchst übel, als dieser sie verstossen will, um Vermonda zu heiraten, und wird von Hamlet, der ihren Worten keinen Glauben schenkt, mit Vorwürfen überhäuft.

Zeno hat die ganze Episode von der Reise nach England weggelassen. Dagegen hat er einen Siegfried, Vertrauten des Königs, der aber diesen verräth und Hamlet dient, hinzugefügt. Ferner finden wir bei ihm einen Waldemar, General in Fengo's Armee, und statt der namenlosen Jungfrau Saxo's (Shakespeare's Ophelia) zwei Prinzessinnen, Vermonda und Hildegarde, welche beide in Hamlet verliebt sind. Der König ist zuerst in eine, dann in die andere dieser Prinzessinnen verliebt. Ebenso ist der General Waldemar in Vermonda verliebt, welche auch von Hamlet geliebt wird.

Für dieses Kreuz- und Querverlieben scheint Zeno eine besondere Vorliebe gehabt zu haben, denn in seiner Semiramis sind Ninus und Aliso in Semiramis, Memnon und Arbaces in Belisa, Semiramis nach einander in Aliso, Memnon und Ninus verliebt. Uebrigens waren damals complicirte Liebesintriguen überall ein sehr beliebtes Ingrediens heroischer Dramen. Ein deutscher Dichter jener Zeit that sich viel darauf zu gut, dass er in seinem Masaniello „den zarten Gemüthern zu Gefallen eine zwiefach verworrene Liebesintrigue eingeflochten habe". Selbst Addison huldigte diesem Geschmacke und brachte in seinem Cato zwei verliebte Dämchen auf die Bühne, welche der grosse Römer, nachdem er sich in's Schwert gestürzt und Plato's Phädon zu Ende gelesen, bevor er sich verblutet glücklich unter die Haube bringt.

Doch kehren wir zu Hamlet zurück: König Fengo verstösst seine Frau, um Vermonda zu heiraten, und diese lässt sich von Hamlet bewegen, in die Vermälung mit dem Könige scheinbar einzuwilligen. Während des Hochzeitsbanketts gibt ihm Hamlet einen Schlaftrunk, so dass der arme Bräutigam in der Brautnacht einschläft. Er wird hierauf von Hamlet während des Schlafes in Ketten gelegt, und als er erwacht, halten ihm alle Personen des Stückes nach einander seine Missethaten vor; dann wird er von Siegfried getödtet. Hamlet besteigt den Thron und heiratet Vermonda. Waldemar, der früher einen von Hamlet vereitelten Versuch gemacht hatte, Vermonda zu entführen, und sich dann mit dem Prinzen ausgesöhnt hatte, begnügt sich mit der Hand Hildegarde's, die sie ihm willig reicht, da sie auf Hamlet verzichten muss. So schliesst das Stück mit zwei Heiraten.

Auch einige „Concetti" im Geschmack des siebzehnten Jahrhunderts finden sich noch bei Zeno; so sagt z. B. Hamlet zu seiner Geliebten:

„Wo ist mein Herz? Vielleicht in deinem Busen?
„Nein, es kann nicht sein, denn
„Schnee ist dein Busen und Feuer mein Herz".

Alle diese Dänen rufen Venus und Amor an, schwören bei Jupiter und Juno; „denn", sagt Zeno in der Vorrede, „die heidnischen Dänen nannten zwar ihre Götter mit andern Namen, Jupiter hiess bei ihnen Thor und Mars Odin; aber ich bediene mich der griechischen Namen, weil diese bekannter sind und nicht so sonderbar klingen wie die nordischen".

Doch sind seine anderen Stücke meistens besser, und finden sich oft recht schöne kräftige und wahre Stellen in ihnen, sowie manche schöne Bilder, z. B. im Mithridates die Vergleichung einer vorübergehenden Hoffnung mit einer vom Frost getroffenen Blüthe:

Quando nel fitto verno
Spunta l'erbetta, e 'l fior
Nasce ad un punto e muor
Chè il gel l' opprime.

> Tal se un balen di speme
> Mi viene a lusingar,
> Tosto lo fan sgombrar
> Dal tenebroso cor
> Le nebbie prime. (Act I. Sc. 4.)

Seine besten Stücke — Iphigenia, Andromache, Merope und die biblischen Dramen Sisera, Der Täufer, Daniel — kann man noch heute mit einigem Genuss lesen.

Grösser sind Zeno's Verdienste als Gelehrter. Er hatte schon vor Muratori die Idee gefasst, eine Sammlung der Geschichtsquellen Italiens herauszugeben und gab sie erst auf als er erfuhr, dass Muratori sich damit zu beschäftigen angefangen hatte. Er unterstützte diesen dann in seiner Arbeit durch Mittheilung von Manuscripten und Documenten. Er war ein grosser Archäolog, Numismatiker und Historiker; seine Hauptstärke aber lag in der Literaturgeschichte. Er unterstützte Foscarini und Fontanini bei der Abfassung ihrer Literaturgeschichten und gab später das Werk des Letzteren mit Nachträgen und Verbesserungen heraus [1]).

Ebenso gab er in zwei Quartbänden Nachträge und Verbesserungen zu den Lateinischen Historikern von Vossius heraus [2]). Er unterhielt einen ausgebreiteten gelehrten und freundschaftlichen Briefwechsel und war immer bereit, über literarische und historische Gegenstände mit grosser Ausführlichkeit und Gewissenhaftigkeit Auskunft zu geben, so dass die Sammlung seiner Briefe einen reichen Schatz des Wissens enthält. Seine verdienstvolle Wirksamkeit als Redacteur haben wir bereits oben erwähnt.

11. Claudio Pasquini.

Gleichzeitig mit Zeno lebte auch Claudio Pasquini aus Siena (geb. 1695) in Wien, wo er die Erzherzoginnen in der

---

[1]) Biblioteca della eloquenza italiana di Monsignore G. Fontanini, con le annotazioni del Sig. Apostolo Zeno. Venezia 1753. 2 vol. 4°.

[2]) Lombardi l. c. libro III. cap. VI. 59. 60. vol. VI. 156—159. — Wachler l. c. Bd. II. Abth. I. S. 201. — Muratori's Briefe an A. M. Salvini und Uberto Benvoglienti in Lettere inedite di Lodovico A. Muratori. Florenz 1854. S. 196. 342. 354. 331. 332.

italienischen Sprache unterrichtete und 1726 zum kaiserlichen Hofpoeten ernannt worden sein soll. Er war als junger Mann nach Wien gekommen, bevor er noch etwas für das Theater geschrieben hatte, wurde aber von Zeno, der sich in ihm einen Nachfolger erziehen wollte, sehr unterstützt und ermuntert. Sein erstes Stück fand vielen Beifall, den es aber, wie Zeno meinte, mehr der Musik Porsile's und der Stimme der Sängerin Faustina zu verdanken hatte.

Pasquini, der auch mit Metastasio freundschaftlich verkehrte, schrieb in Wien, wo er bis 1740 blieb, mehrere Theaterstücke und ging dann an den polnischen Hof, wo er ebenfalls Hofdichter ward und für das Theater schrieb. Sein im Jahre 1746 in Berlin aufgeführter Arminius fand dort grossen Beifall. Mehr als seine dramatischen Arbeiten wurden jedoch seine lyrischen Gedichte geschätzt. Pasquini kehrte 1750 in seine Heimat zurück, wo er auf Metastasio's Verwendung eine einträgliche Anstellung erhielt die er jedoch, wie es scheint, nicht bis zu seinem im Jahre 1763 erfolgten Tode behielt; denn in diesem Jahre gab sich Metastasio wieder Mühe dem armen, alten und kranken Dichter eine Pension vom sächsischen Hofe zu verschaffen. Die angenehme Nachricht von der vom Könige gewährten Unterstützung traf aber Pasquin nicht mehr unter den Lebenden [1]).

Von seinen Werken erschien 1751 in Arezzo ein dem sächsischen Minister Grafen Brühl gewidmeter erster Band, dem aber, wie es scheint, kein zweiter folgte. Er enthält ausser dem Arminio und dem dramatischen Hirtengedichte Leucippo noch einige kleinere Festspiele und vier Oratorien. Diese kleineren dramatischen Arbeiten wurden in den Jahren 1746 bis 1748 am sächsisch-polnischen Hofe bei Geburtstagen und Hochzeiten in der königlichen Familie aufgeführt, so z. B. „La liberalità di Numa Pompilio" zum Geburtstag August's III. Doch findet sich in der Wiener Hofbibliothek ein Manuscript dieses Stückes (Cod. 10255) mit der

---

[1]) Zeno's Briefe. IV. 67. 98. — Metastasio's Briefe vom 22. Juli 1747 und 10. December 1753 an Pasquini in Opere postume. I. 253; II. 144; ferner vom 26. November und 10. December 1763 an Migliavacca (Manuscr. d. Wiener kais. Hofbibliothek 10268, Nr. 306 und 309). — Lombardi l. c. libro III. cap. III. 78. vol. V. S. 206. Pasquini nannte sich nur königl. polnischer und kurfürstlich sächsischer Poet.

Bemerkung, dass es 1735 zum Geburtstag Kaiser Karls aufgeführt wurde, und so dürften auch manche von den anderen Stücken zuerst in Wien aufgeführt worden sein.

In seinem Arminio spielt die Liebe eine sehr grosse Rolle: Herman ist in Thusnelda, Marzia, die Schwester des Varus, in Segimir, den Bruder Thusnelda's, verliebt, soll aber gezwungen werden, Herman zu heiraten, der ihr einen Korb gibt und Thusnelda heiratet. Pasquini, der den deutschen Helden verherrlichen wollte, und im Epilog den König von Preussen als Hort und Held Deutschlands mit dem Cheruskerfürsten vergleicht, hat doch den römischen Feldherrn als die edelste Person des Stücks gezeichnet. Das ziemlich reizlose und prosaische Stück hat indessen manche schöne Scene, wie z. B. die eilfte des zweiten Actes zwischen Herman und Thusnelda.

In den andern Stücken Pasquini's finden sich häufig Arien mit Alliteration, welche aber manchmal recht holperig sind; so z. B. im Leucippo:

E se il lupo rapisce l' armento
Che al ovile ritorna dal prato

Dell' armento rapito è incolpato
L' innocente infelice pastor

Cosi confusa io sono Tal sorte e chi ti dice
Che me non so capir Che poi non tocchi a te
Ombra amante almeno allora   u. dgl.

Pasquini war auch Mitglied der arkadischen Akademie, in welcher er den schönen Namen Trigeno Migonititidio führte; als solcher widmete er eines seiner Schäferspiele der sächsischen Prinzessin Marie Antonie Walpurga, welche als arkadische Schäferin Ermelinda Talea hiess.

12. Hofbibliothek.

Wenn wir unter allen diesen vom Kaiser begünstigten Poeten keinen Dichter ersten Ranges finden so ist es nicht die Schuld des Kaisers. Italien und Deutschland besassen zu seiner Zeit keine grösseren. Nicht jedes Jahrhundert bringt einen Dante oder Göthe hervor; aber das Streben des Kaisers ging dahin, die Besten seiner Zeit um sich zu sammeln, der Wissenschaft und Poesie eine Stätte in seinem Reiche zu bereiten.

Da die italienische Literatur damals auf einer höheren Stufe stand als die deutsche, so wendete er sich ihr mit Vorliebe zu; aber er hat auch die deutschen Gelehrten wohl zu schätzen gewusst und hat mehr für Literatur und Wissenschaft gethan als die anderen deutschen Fürsten seiner Zeit. Während Friedrich Wilhelm I. überall nach Riesen für seine Garde, August II. von Sachsen nach schönen Frauen für seinen Harem fahndete, suchte der Habsburger Karl überall Bücher, Manuscripte und Medaillen, berief Gelehrte und Dichter an seinen Hof. Die kaiserliche Hofbibliothek, welche Zeno bei seiner Ankunft in Wien schon einen unvergleichlichen Schatz genannt hatte, stieg durch die Munificenz des Kaisers von 60.000 auf 100.000 gedruckte Bände und 10.000 Manuscripte. Der Kaiser kaufte die Hohendorff'sche Bibliothek für 70.000 Gulden, die des Erzbischofs von Valencia, welche diesem 120.000 Gulden gekostet hatte, für 16.000. Er liess für die Hofbibliothek neben der Burg ein prächtiges Gebäude aufführen; denn, sagte er: „ein rechter Herr kann ohne die Wissenschaften gar nicht bestehen, darum habe ich mir die Hofbibliothek dicht in Eins mit der Hofburg gebaut" [1]).

---

[1]) Vehse l. c. VI. 209. — Zeno's Briefe. III. 36. 196. 198. 360; IV. 109.

V.
Maria Theresia.

1. Die Lombardei unter der Regierung der Kaiserin.

Als sich das von der drückenden spanischen Herrschaft befreite Italien im achtzehnten Jahrhundert zu erholen begann, war es vorzüglich die mit Oesterreich vereinigte Lombardei, in der sich das regste geistige Leben entfaltete. „Es war die Zeit, in welcher die Lombardei reich, blühend, verdachtlos und glücklich war, wie sie nie gewesen", sagt Reumont.

Seit der Mitte des Jahrhunderts waren die glänzendsten Sterne der italienischen Literatur in der lombardischen Hauptstadt vereinigt. Dort dichtete Parini seine zündenden Satyren, dort schrieb Beccaria sein epochemachendes Werk von den Verbrechen und Strafen; dort wirkten die Brüder Verri, Giulini, Argelati, Quadrio, Carli, der gelehrte Präsident des Handelsgerichts und Andere. Dort bildete sich die Gesellschaft des „Caffé", in der sich Alle vereinigten, die für Fortschritt und Reform wirken wollten. In Pavia lehrten Volta, Spallanzani und Boscowich. Fast alle diese Männer erhielten von der österreichischen Regierung Staatsämter, Professuren und ehrende Auszeichnungen. Ihre Bestrebungen fanden die eifrigste Unterstützung, die sorgsamste Pflege von Seite der Kaiserin, des Kaisers Joseph und des Gouverneurs der Lombardei, Grafen Firmian, von dem der Kaiser sagte, dass er sich beständig nur mit Büchern abgebe. Ihm, dem Fürsten Kaunitz und dem Hofrathe Sperges, dem Bettinelli sein Buch „Delle lettere ed arti di Mantova" widmete, ist es zu danken, dass der nach Petersburg berufene Beccaria der Lombardei erhalten blieb[1]). In ähnlicher Weise wirkte der Nachfolger Firmian's, Graf Wilczek, der 1771 zum Mitgliede der Akademie der Crusca gewählt wurde, und dem es

---

[1]) Arneth, Geschichte Maria Theresia's. Bd. X. Wien 1879. S. 777. Note 250. S. 179. 180. Lombardi l. c. V. S. 78.

zu verdanken ist, dass Spallanzani der Universität Pavia erhalten blieb. Diesen berühmten Naturforscher hatte auch Kaiser Joseph, als er 1786 nach Wien kam, sehr freundlich aufgenommen und reich beschenkt.

Die Verdienste der Kaiserin hat besonders Beccaria in der Rede hervorgehoben, mit welcher er seine Vorlesungen über Nationalökonomie am 9. Jänner 1769 in Mailand eröffnete. Eben so wohlthätig wirkte der Grossherzog Leopold von Toscana. Doch die Grenzen, welche dieser Arbeit gezogen sind, gestatten kein näheres Eingehen auf die Verdienste, welche sich das Haus Habsburg um Literatur und Wissenschaft in Italien selbst erwarb. Aus diesem Grunde kann auch nur im Vorbeigehen erwähnt werden, dass die Oesterreicher bei ihrer Rückkehr nach Italien im Jahre 1815 den greisen Monti in seinem Amte beliessen, wofür der grosse Dichter in seinen Cantaten „Il Mistico omaggio", „Il Ritorno d'Astrea" und „Invito a Pallade" den Kaiser Franz und den Erzherzog Johann besang.

Doch kehren wir zu unserer beschränkten Aufgabe, zum Wiener Hofe zurück.

2. Pietro Metastasio.

Die Gunst der Kaiserin, welche selbst sehr geläufig italienisch schrieb, genoss im vollsten Masse der bereits unter Kaiser Karl VI. an den Hof gekommene, von Corniani für den grössten italienischen Dichter des achtzehnten Jahrhunderts gehaltene Pietro Metastasio.

Peter Anton Dominik Bonaventura Trapassi, geboren am 3. Januar 1698 in Rom, wo sein aus Assisi stammender Vater einen kleinen Kramladen hatte, machte sich schon als Kind durch seinen lebhaften Geist und die Gabe der Improvisation bemerklich.

Der grosse Jurist und Verfasser langweiliger Tragödien, der Neapolitaner Gravina, der den jungen Trapassi zufällig kennen lernte, beschloss für seine weitere Ausbildung zu sorgen, nahm ihn mit sich nach Neapel, und veranlasste ihn, seinen Namen in's Griechische zu übersetzen und sich von nun an Metastasio zu nennen. Er liess ihn dann Philosophie und Jurisprudenz studiren, und hatte er in letzterer Prosper Lambertini, den nachmaligen Papst Benedict XIV., zum Lehrer. Metastasio erhielt auch die vier niedern geistlichen Weihen, weshalb er den Titel Abbate führte und später geistliche Tracht trug.

Gravina starb 1718 und hinterliess seinem Schützling fünfzehntausend Scudi (bei 30.000 Gulden), welche dieser in kurzer Zeit durchbrachte, so dass er ganz auf seine eigenen Kräfte angewiesen blieb. Er suchte sich daher zum Juristen auszubilden, und trat 1721 in das Bureau eines Advocaten ein, dem er versprechen musste, der Poesie ganz zu entsagen.

Metastasio, der schon mit vierzehn Jahren eine Tragödie, „Justin", nach Trissino's „Italia liberata dai Goti", und viele hübsche lyrische Gedichte geschrieben hatte, mag wohl eingesehen haben, dass er von der Poesie allein nicht werde leben können, und ging also auf die Bedingung des versescheuen Juristen ein.

Allein, als sich der Vicekönig von Neapel, Mark Anton Borghese an den jungen Advocatursconcipienten wendete und von ihm ein Festspiel zur Geburtstagsfeier der Kaiserin Elisabeth Christine (Gemalin Carl VI) verlangte, da siegte in ihm der Dichter über den Juristen und er schrieb den „Hesperidengarten", welcher mit ungeheurem Erfolge in Neapel und andern Städten aufgeführt wurde. Das Publicum jener Zeit fand Gefallen an den Allegorien und mythologischen Spielereien, und sah nichts Sonderbares darin, dass sich Mars, Venus und Adonis über die Schönheit und sonstigen Vorzüge der deutschen Kaiserin unterhielten.

Metastasio verlor nun zwar seine Stelle beim Advocaten, fand sich aber durch den glänzenden Erfolg seines Stückes ermuthigt, sich ganz der Dichtkunst zu widmen, wozu vielleicht auch nicht wenig beitrug, dass er sich in die Sängerin Marianne Bulgarini oder Bulgarelli (genannt la Romanina) verliebte, welche durch Spiel und Gesang sehr viel zum Erfolg seiner Dramen beitrug.

Metastasio schrieb nun in den Jahren 1724 bis 1729 für die Theater in Neapel, Rom und Venedig die Musikdramen: „Dido", „Siroe", „Aetius", „Cato", „Alexander in Indien" und

„Semiramis", welche mit grossem Beifall aufgenommen wurden und seinen Ruf auch ausserhalb Italiens verbreiteten.

Doch scheinen ihm seine dramatischen Arbeiten und ein kleines von ihm in Rom gekauftes Aemtchen kein glänzendes Einkommen verschafft zu haben. Er fühlte sich daher ganz unerwartet beglückt, als er auf die warme Empfehlung Apostolo Zeno's, der alt und theatermüde geworden, seine Stelle als kaiserlicher Hofpoet niederlegte, als dessen Nachfolger nach Wien berufen wurde.

Nach einigen hierüber mit dem kaiserlichen Hofmusikgrafen, Fürsten Ludwig Pio, im Jahre 1729 gewechselten Briefen wurde ihm ein Gehalt von 3000 Gulden jährlich und hundert Ducaten für die Reise nach Wien bewilligt. Pariati bezog nur 2600, Zeno, weil er auch Hofhistoriker war, 4000 fl. jährlich.

Trotzdem Metastasio im Auftrage des Kaisers nach Wien berufen wurde, musste seine Ernennung doch den bureaukratischen Förmlichkeiten unterzogen werden, und der Obersthofmeister Graf Rudolf Sinzendorf berichtete darüber an den Kaiser zugleich mit der Meldung von der Dienstresignation einer „Comoedi Naderin Casquetenmacher und Federschmukerin" mit folgenden Worten:

„Dieser Metastasio nun ist zwar dem treugehorsamsten Obrist-Hofmeister-Ambt weder quo ad personam nec quo ad aetatem, valetudinis constitutionem aut qualificationem sive capacitatem im mindesten bekannt, noch auch wissend, ob er schon dahier ankommen seye oder nicht; in Supposito jedoch, dass seine allergnädigste Aufnahme bereits ihre vollkommene Richtigkeit habe und von selbigem nicht zu besorgen sein sollte, dass man an ihme etwa in kurzer Zeit abermahl einen neuen theueren Provisionär, wiewohl öfters mitunter geschehen zur Last des aerarii haben werde" u. s. w. erbittet sich das Obersthofmeisteramt den Befehl des Kaisers[1]).

---

[1]) Dr. Th. G. von Karajan. Aus Metastasio's Hofleben. Im Almanach der kais. Akademie der Wissenschaften. Eilfter Jahrgang. Wien 1861. S. 88—89. — Essai sur Metastasio pour servir à l'histoire de sa vie, traduit de l'allemand de Mr. Joseph de Retzer. Wien 1782. S. 5. 9. 13. 26. — Metastasio's Brief an seinen Bruder vom 10. März 1760, Opere IV. 694 und dessen Correspondenz mit dem Fürsten Pio und Zeno in den Opere postume, Wien 1795. I. S. 121—130.

Der Herr Obersthofmeister, der so bescheiden jedes Urtheil über die Qualificationen, Capacitäten und Körperconstitution des Dichters ablehnt, scheint sich als sparsamer Mann darüber geärgert zu haben, dass man einen neuen Hofdichter besoldete, während noch der alte seinen vollen Gehalt bezog.

Metastasio verliess also seine geliebte Bulgarelli, mit der er aber in Correspondenz verblieb, und kam im Frühjahre 1730 nach Wien. Er wohnte dort zuerst kurze Zeit auf dem Jesuitenplatz (jetzt Universitätsplatz), dann im alten Michaelerhause (jetzt Kohlmarkt Nr. 11) beim Ceremonienmeister der päpstlichen Nuntiatur Nicolaus Martinez, dessen Tochter Maria Anna sich als Sängerin und Componistin auszeichnete, und dessen Sohn später Custos der Hofbibliothek ward. In den Jahren 1748 und 1749 wohnte in demselben Hause in einem Dachstübchen über Metastasio der grosse, damals noch unbekannte Haydn, der Fräulein Martinez im Gesang und Clavier unterrichtete und dafür freien Tisch hatte. Doch scheint der berühmte und glückliche Dichter sich um den armen sechzehnjährigen Musiker nicht viel gekümmert zu haben, und dieser ward erst nach dem Tode des Dichters berühmt.

So lebte Metastasio ein halbes Jahrhundert im Kreise der Familie Martinez, zwischen dem Theater, in dem viele seiner Werke aufgeführt wurden, und der Michaelerkirche, in welcher er begraben wurde. Während seines Lebens aber pflegte er seine sonntägliche Andacht regelmässig in der Kapuzinerkirche zu verrichten.

Im März 1731 — Klopstock war damals sieben und Lessing zwei Jahre alt — wurde Metastasio's erstes in Wien gedichtetes Werk, das Oratorium „Die heilige Helena", mit Musik von Caldara, aufgeführt. Diesem folgten im November desselben und des folgenden Jahres die Dramen „Demetrius" und „Hadrian", ebenfalls mit Caldara's Musik, und im Carneval 1732 die „Hypsipile".

Diese Dramen erfreuten sich in Wien ausserordentlichen Beifalls. Das ganze Publicum weinte in der letzten Scene des „Demetrius", und Manche konnten viele Stellen des Stückes aus dem Gedächtniss recitiren. Nach der dritten Aufführung der

„Hypsipile" schritt Kaiser Karl auf den Dichter zu und sagte ihm: „Die Oper ist sehr schön, trefflich ausgeführt, und ich bin mit Ihrer Leitung zufrieden"[1]).

Metastasio hatte seine erste Audienz beim Kaiser am 18. Juli 1730 in Laxenburg gehabt, und sagte zu diesem: „Ich habe schon von der frühesten Kindheit an den Wunsch gehegt, mich Eurer Majestät einmal nähern zu dürfen. Jetzt stehe ich nicht nur vor dem grössten Monarchen der Erde, sondern kann mich auch mit Stolz seinen Diener nennen. Ich weiss, wie gering meine Kräfte sind, und wenn ich durch das Opfer meines Blutes ein Homer werden könnte, würde ich es gewiss freudig bringen." Am Schlusse der Audienz bat er um die Erlaubniss, des Kaisers Hand zu küssen, welche dieser lächelnd und des Dichters Hand drückend gewährte [2]).

Der Kaiser, der vielleicht den Zukunftshomer in ihm nicht sah, drückte die Hoffnung aus, dass er mit Metastasio's Diensten zufrieden sein werde, zeigte sich ziemlich freundlich gegen ihn, und behandelte ihn auch in der Folge recht gnädig. Er verlieh ihm am 17. Juli 1733 motu proprio die Stelle eines Schatzmeisters in der neapolitanischen Provinz Cosenza, welche ihm, ohne dass er irgend welche Dienstpflichten hatte, 1500 Gulden jährlich einbringen sollte, aber ihm auch viel Aerger verursachte. Fünfzehn Jahre später, als Neapel schon längst nicht mehr dem Habsburger gehörte, musste der Dichter die Protection des Sängers Farinello nachsuchen, um durch die spanische Regierung seine Einkünfte aus dieser Stelle wiedererlangen zu können [3]).

Im Allgemeinen scheint jedoch Metastasio nicht in demselben Masse wie Zeno die Gunst und Achtung des Kaisers genossen zu haben, welcher in Letzterem den Gelehrten mehr als den Dichter schätzte. Doch zeigt sich in Metastasio's Briefen eine hohe Achtung und innige Verehrung für den Kaiser, und seine

---

[1]) M.'s Brief an die Bulgarelli in Opere postume I. S. 146. — Karajan, S. 92.
[2]) M.'s Brief vom 25. Juli 1730 in Opere IV. 609.
[3]) M.'s Brief an Farinello (Broschi) vom 7. December 1748 in Opere IV. 636 an den Herzog von Ossuna und an die Bulgarelli vom 18. Juli 1733, in Opere postume I. S. 161, und 28. Mai 1752, ib. II. 42.

Klagen über dessen Tod tragen den Stempel ungeheuchelter Theilnahme [1])

Im Jahre 1734 starb Metastasio's geliebte Bulgarelli und hinterliess ihm ihr ganzes Vermögen, worauf er aber zu Gunsten ihrer Familie verzichtete. Er war anfangs untröstlich über den Verlust seiner Jugendfreundin, fand aber bald in der Gräfin Althann eine Gönnerin und Freundin, welche ihm den ersten Verlust verschmerzen machte. Zwanzig Jahre später verlor er auch diese Freundin, der er so viel zu verdanken hatte. Er hatte sie noch in Neapel kennen gelernt, und ihr sein dramatisches Gedicht „Endymion" gewidmet. Als sie dann nach Wien kam, war sie die Erste, welche den Kaiser auf den jungen Dichter aufmerksam machte, und ihr hatte er zum grossen Theil seine Berufung nach Wien zu verdanken. Er pflegte oft den Sommer oder Herbst auf den Althann'schen Gütern in Mähren (Joslowitz und Frain) in ihrer Gesellschaft zuzubringen, und auch nach ihrem Tode liess er sich einmal vom Grafen Althann bewegen, dort seine gewohnte Villeggiatur zu beziehen. Er brachte aber dort einige sehr traurige Wochen zu, da die altbekannten Orte, welche er sonst in Gesellschaft der Gräfin zu besuchen pflegte, nur tief schmerzliche Erinnerungen in ihm weckten. In vielen seiner Briefe beklagte er bitter diesen unersetzlichen Verlust, und rühmte die hohen Tugenden der Gräfin, deren Tod von Hoch und Niedrig beweint wurde [2]).

Unter Karl's Regierung schrieb Metastasio noch die Dramen: „Olympia", „Demophon", „Titus", „Achill", „Cyrus", „Themistokles" und „Zenobia"; ferner mehrere kleine Festspiele, worunter das sehr hübsche „Versöhnung von Tugend und Schönheit", welches im Jahre 1738 zum Namenstage der Erzherzogin Maria Theresia in der Burg aufgeführt wurde. Der zur Aufführung am Namenstage des Kaisers am 4. November 1740 bestimmte „Regulus" wurde wegen Ableben des Kaisers nicht aufgeführt, und

---

[1]) M.'s Brief an seinen Bruder vom 22. October 1740 in Opere postume I. S. 204.

[2]) M.'s Briefe bei Hortis l. c. Nr 13. 3. 4. und Vorrede S. XLVIII. XLIX.

kam erst zehn Jahre später in Dresden auf die Bühne. Dort wurde auch der in Wien geschriebene „Antigonus" 1744 zum ersten Male aufgeführt. Im selben Jahre schrieb Metastasio die „Hypermnestra" zur Feier der Vermälung der Erzherzogin Maria Anna mit dem Prinzen Karl von Lothringen.

Der nach dem Tode des Kaisers ausgebrochene Erbfolgekrieg verdrängte das Interesse am Theater vom Wiener Hofe, und auch des Dichters Einkünfte scheinen unter der allgemeinen Finanzbedrängniss gelitten zu haben. Schon während der letzten Regierungsjahre Karl's hatte er über verzögerte Auszahlung seines Gehaltes und über Steuerabzüge zu klagen, was für ihn um so empfindlicher war, als er seinen alten Vater zu unterstützen hatte, und auch, wie es scheint, ein wenig geizig war.

Mit der Rückkehr des Friedens begann aber auch sein Stern wieder zu leuchten, und er konnte durch mehr als dreissig Jahre sich der besondern Gunst der kaiserlichen Familie erfreuen, welche ihn ausserordentlich freundlich behandelte und oft reich beschenkte.

Sein Gehalt wurde im Jahre 1749, ohne dass er darum angesucht hätte, um 500 Gulden erhöht, und stieg später bis auf 5000 Gulden, so dass er bei seinem Tode das für jene Zeit bedeutende Vermögen von über 130.000 Gulden hinterlassen konnte[1].

Schon unter Karl's VI. Regierung hatte Metastasio Gelegenheit gehabt, die Güte und Herablassung seiner Töchter, der nachmaligen Kaiserin und der Erzherzogin Marianne, kennen zu lernen. Im August 1735 bestellten die beiden Erzherzoginnen zum Geburtstage der Kaiserin, ihrer Mutter, ein Festspiel bei Metastasio. Dieser schrieb „Le grazie vendicate" („die Rache der Grazien"), das die Erzherzoginnen in dem „Neue Favorite" genannten Palaste (jetziges Theresianum) am 28. August aufführten. Bei den Proben des Stückes hatte er häufig Gelegenheit, mit den jungen Kaiserkindern zusammenzukommen, und war von

---

[1] M.'s Brief an Farinello vom 19. Juni 1749 in Opere IV. 643, an seinen Bruder vom 19. October 1737 und 6. Juni 1739 (Cod. der Wiener Hofbibl. 10215. Fol. 37 und 56). — Oesterreichische National-Encyklopädie. III. 543. — Retzer S. 37.

der Freundlichkeit, Güte, Achtung und Dankbarkeit, welche sie ihm bezeugten, ganz entzückt. „Glaube nicht", schrieb er seinem Bruder¹), „dass die hohe Stellung dieser Damen mein Urtheil beeinflusst. Ich habe schon mit vielen hohen Damen verkehrt, aber diese sind ohne Frage achtsamer, dankbarer und unendlich höflicher als Alle, die ich bisher kennen gelernt habe".

Im Jahre 1762 schrieb er sein Drama „Athenaide", welches ebenfalls zur Aufführung durch die Erzherzoginnen Maria Isabella, Marianne, Maria Christine, Maria Elisabeth und Maria Amalie bestimmt war, aber wegen Erkrankung der Erzherzogin Isabella (erste Gemahlin Joseph II.) von anderen Personen aufgeführt wurde. Die Kaiserin schrieb dem Dichter über dieses Stück: „Ich erkenne darin den grossen Metastasio wieder, mit allem Feuer und in der ganzen Grösse seines Genies. Es freut mich dies um so mehr, als es mir ein Beweis der vollständigen Wiederherstellung eines Mannes ist, den ich mich immer glücklich geschätzt habe, an meinem Hofe zu besitzen. Ich bin Ihnen für dieses Stück, das mir einige so angenehme Stunden verschaffte, sehr dankbar²).

Ebenso herzlich dankte die Kaiserin dem Dichter für die komische Cantate „Il parnasso confuso", welche er zur Feier der zweiten Vermälung des Erzherzogs Joseph dichtete, und die am 24. Januar 1765 mit Musik von Gluck von den Erzherzoginnen Maria Elisabeth, Maria Amalie, Josepha und Karoline (später Königin von Neapel) in Schönbrunn aufgeführt wurde. Auch mehrere andere von Metastasio's dramatischen Arbeiten wurden von Mitgliedern der kaiserlichen Familie aufgeführt, und die Gedichte, welche die kleinen Prinzen und Prinzessinnen bei Geburtstagen zu declamiren hatten, wurden gewöhnlich von ihm verfasst.

Als er 1765 die Wiedergenesung der Kaiserin in seinem Gedichte „La pubblica felicità (das erst 1767 gedruckt wurde) ge-

---

¹) Karajan S. 96. 97. — Opere postume I. S. 175—178.
²) Bertola, Elogio di Metastasio, bei Corniani II. 274. — Nach den Opere postume III. 306 soll sich dieses Schreiben der Kaiserin auf die „Pubblica Felicità" beziehen.

feiert hatte, liess sie ihn zu sich rufen, dankte ihm „mit engelhafter Güte", und schenkte ihm eine goldene Dose mit ihrem Bildnisse, „die sowohl aus- als inwendig mit kostbaren Brillanten geschmückt und auf das künstlichste ausgearbeitet war". Für das Drama „Rè pastore" schenkte sie ihm einen goldenen Leuchter mit Schirm und Lichtscheere von grossem Kunstwerthe, und fügte den ausdrücklichen Befehl hinzu, seine Augen sorgfältig zu schonen. Dieses Stück wurde im Jahre 1751 in Schönbrunn von dem Grafen Bergen und den Damen Rosenberg, Kollonitz, Frankenberg und Lamberg fünfmal vor der Kaiserin aufgeführt, welche von Stück und Aufführung ganz entzückt war, und die fürstlichen Schauspielerinnen nach der letzten Vorstellung zum Souper einlud und reich beschenkte [1]).

Als Metastasio der Kaiserin (1776) sein Gedicht auf Schönbrunn überreichte, schenkte sie ihm ebenfalls eine Tabatière mit Brillanten und nannte ihn in einem Handschreiben, mit freilich etwas überschwänglichen Worten, „nicht nur den Stolz seines Jahrhunderts, sondern mehr noch derjenigen, deren Dienst er sich gewidmet" [2]). Als sie einmal Veranlassung hatte, über den Dichter ungehalten zu sein, bestand die Strafe darin, dass sie ihm verbot, ein Gedicht zu ihrem Namenstage zu schreiben [3]).

Ausserdem wollte ihn Kaiser Karl in den Adelstand erheben und Maria Theresia ihm den Stephansorden verleihen. Der bescheidene Dichter lehnte aber alle diese Auszeichnungen ab [4]).

Für diese freundliche, liebevolle und ehrenvolle Behandlung seitens der kaiserlichen Familie zeigte sich Metastasio sehr dankbar, und sind seine Briefe voll Anerkennung hiefür.

---

[1]) Wienerisches Diarium Nr. 67 vom 22. August 1767. — M.'s Briefe an den Grafen Cervellon und an Farinelli, in Opere postume II. S. 32. 39 ; an Gräfin Berthold, ib. II. 403; an seinen Bruder vom 19. October 1750 (Cod. der Hofbibl. 10215. Fol. 128).

[2]) Karajan S. 103. 109. — Retzer S. 21. — Arneth, Geschichte Maria Theresia's IX., letzte Regierungszeit III. 457. — Billet der Kaiserin in Opere postume III. 307.

[3]) Corniani II. 274. Vergl. die Gedichte: „Silenzio o Muse" und „Giusti Dei che sarà?" in Opere III. 527. 529.

[4]) Wurzbach XVIII. 6.

„Ich wäre der undankbarste Mensch," schrieb er, wenn ich nicht bekennen möchte, dass die Güte und Munificenz meiner erhabenen Souveränin mein Verdienst weit übertreffen." Wie er ganz zum österreichischen Patrioten geworden, ersieht man am besten aus seinen Briefen an die Gräfin Francisca Maria Torres, geborene Orzon in Görz[1]), in welchen er über die Ereignisse des siebenjährigen Krieges berichtet, da man damals in Görz wohl nicht immer die neuesten Zeitungen hatte. Er meldet ihr am 1. August 1759 den Sieg „unserer Russen" bei Züllichau über den preussischen General Wedel, dann vierzehn Tage später die grosse Niederlage Friedrich's bei Kunnersdorf. Er ist voll patriotischer Besorgniss über das unerklärliche Zaudern Daun's nach zwei so glänzenden Siegen. Am 24. November gibt er wieder seiner Freundin die glückliche Nachricht von zwei glänzenden Actionen, welche mit der Capitulation des preussischen Generals Fink bei Maxen endigten. „Daun hat 14.000 Gefangene, worunter 9 Generale, gemacht, 46 Kanonen und alle Fahnen des Feindes erbeutet", meldet er mit österreichischem Stolze[2]). Mit gleichem Behagen berichtet er am 26. December 1761 die Einnahme Kolberg's durch die Russen (onde le condizioni di Sua Maestà Borussica pare che vadano considerabilmente peggiorando) und ist dann ein Jahr später ganz ungehalten über die Aussöhnung der russischen Kaiserin mit Friedrich.

Man soll jedoch nicht meinen, dass Metastasio in diesen an die Frau eines österreichischen Generals gerichteten Briefen die Maske des österreichischen Patrioten angelegt habe; was er hier ausdrückte, das fühlte er auch. In allen seinen Briefen, welche er während des siebenjährigen Krieges an seinen Bruder in Rom

---

[1]) Alcune lettere inedite di Pietro Metastasio pubblicate dagli autografi da Attilio Hortis. Triest 1876. Gewidmet der Baronin Nina Morpurgo. Mit einer Einleitung von Hortis. Siehe besonders Nr. 19. 20. 21. 22. 31 und 34.

[2]) An diesem für Oesterreich's Waffen ruhmvollen Tage, den man ein kleines Sedan nennen könnte, diente ein hervorragender italienischer Schriftsteller als Hauptmann in der österreichischen Armee. Es ist Pietro Verri, der in Wien seine „Elementi di commercio" geschrieben hat, und in seiner Geschichte von Mailand (II. S. 24 ad an. 1237) dieser Niederlage der Preussen erwähnt.

und an seine Freunde ausserhalb Oesterreichs schrieb, zeigte er sich als treuer Diener und Verehrer der Kaiserin, als guter österreichischer Patriot. Besonders ausführlich berichtet er seinem Bruder über die Kriegsereignisse, so dass diese Briefe fast den Eindruck von „Originalcorrespondenzen vom Kriegsschauplatze" machen. Er berichtet ausführlich über die österreichischen Siege bei Kunnersdorf, bei Landshut, wo Loudon den Marschall Fouquet mit seiner ganzen Armee gefangen nahm und bei Hochkirchen, und freut sich besonders, dass Daun diesen Sieg gerade am Namenstage der „grossen Theresia" errungen [1]).

Aus Metastasio's Briefen ist auch sein intimer Verkehr mit der österreichischen Aristokratie ersichtlich, was auch als Beweis dienen kann, wie beliebt und angesehen er am Hofe war. Er pflegte jeden Tag mehrere Stunden bei der Gräfin Althann und nach ihrem Tode beim Grafen Perlas zuzubringen. Zu seinen intimen Freunden gehörten der sardinische Gesandte Graf Canal und der Präsident des Reichshofrathes, Baron Hager, die gewöhnlich Abends ein paar Stunden bei ihm zuzubringen pflegten, während welcher griechische und lateinische Classiker vorgelesen wurden. Deshalb wohl nannte er sie in einem Briefe an seinen Bruder (vom 11. Juli 1763) i miei perpetui commilitoni [2]).

Auch mit dem Fürsten Kaunitz, der Fürstin Liechtenstein, dem Prinzen von Hildburghausen und andern Mitgliedern der hohen österreichischen Aristokratie stand Metastasio in freundschaftlichem Verkehr. Graf Batthiany frug ihn um Rath über den Unterricht des Erzherzogs Joseph im Italienischen; der Erzbischof von Wien, Fürst Trautsohn, erbat sich von ihm Entwürfe zu den Deckengemälden im grossen Saale der Universität.

Mit inniger Theilnahme berichtete auch Metastasio seinem Bruder von allen Familienereignissen am kaiserlichen Hofe. Er schreibt ihm am 28. November 1763: „Gestern haben wir die allgemein geliebte Erzherzogin Isabella verloren; das Unglück wird

---

[1]) M.'s Briefe an seinen Bruder v. 16. und 23. October 1758, 23. August 1759, 26. und 30. Juni 1760 (Cod. der Wiener Hofbibl. 10215. Fol. 235. 237. 263. 286 und 288).

[2]) Retzer S. 28. — Opere postume I. S. 220. III. 116.

von Jedermann gefühlt, die Trauer ist allgemein und aufrichtig." Im Briefe vom 1. Juni 1767 ist er höchst betrübt und bestürzt über den Tod der jungen Kaiserin Josephe und über die gefährliche Erkrankung „unserer angebeteten guten Kaiserin Maria Theresia. Hoffen wir, dass Gott unsere Sünden nicht für so gross hält, um uns mit einer so schrecklichen Strafe, wie ihr Verlust wäre, heimzusuchen". Acht Tage darauf berichtet er voll Jubel die Genesung der Kaiserin: „Das Aussehen der Stadt während der Gefahr und wieder das jetzige, beim allgemeinen Jubel, sind nicht zu beschreiben. Man sieht deutlich, wie diese anbetungswürdige Fürstin vom Volke geliebt wird."

In ähnlicher Weise drückt er sich in seinem Briefe vom 27. Juli desselben Jahres aus, in dem er die erste öffentliche Ausfahrt der Kaiserin nach ihrer Genesung beschreibt. Nach der Geburt des Erzherzogs Maximilian schreibt er seinem Bruder: „Ich erfahre soeben aus sicherer Quelle, dass sich die Kaiserin besser und munterer als je befindet. Möge sie Gott lange zur Strafe der Bösen und zur Ehre der ganzen Menschheit erhalten."

Metastasio fühlte sich ganz glücklich als er vernahm, dass sein Trostgedicht auf den Tod des Kaisers Franz: „I voti pubblici" etwas zur Aufheiterung der Kaiserin beigetragen. Die Kaiserin wollte jedoch die Veröffentlichung dieses Gedichtes nicht gestatten, da sie darin zu sehr gelobt wurde. Trotzdem gelang es dem Grafen Canale sich eine Copie davon zu verschaffen, nach der er es in Turin drucken liess. Der Dichter war über diese Indiscretion ganz bestürzt, und tröstete sich nur mit dem Gedanken, dass die Kaiserin ihn an der Uebertretung ihres Verbots unschuldig wusste. Bald darauf erschienen auch in Triest und Wien deutsche Uebersetzungen dieses schönen Gedichtes, wofür die Kaiserin dem Dichter eine ausserordentliche Pension von 1200 Gulden gewährte [1].

---

[1] Cod. der Wiener Hofbibl. 10268. Nr. 307; Cod. 10216. Fol. 100. 102; Cod. 10215. Fol. 213. — Opere postume II. 394. — Retzer S. 21. — Brief der Kaiserin in Opere postume III. S. 305. — M.'s Briefe, bei Hortis Nr. 38. 42; an Broschi vom 10. Mai 1756 und 7. August 1766 (Cod. 10268. Fol. 158, Opere postume II. 378); an seinen Bruder v. 4. August 1766 und 29. August 1768 (Cod. 10216. II. Fol. 65. 148); an Vincenti (Cod. 10268. Fol. 89. 102); an Batthiany und Trautsohn (Opere post. II. 75. 198).

Der Tod der Kaiserin war für den 82jährigen Metastasio ein furchtbarer betäubender Schlag. „Seit fünfzig Jahren daran gewöhnt" — schrieb er — „von einer unvergleichlichen Fürstin, welche ihren Namen unserem Jahrhundert gab, beschützt und begünstigt zu werden, kann ich mich gar nicht mit dem Gedanken vertraut machen, sie verloren zu haben. Es ist ein Schlag, der mich stumm macht."

Während Metastasio's Aufenthalt in Wien wurden von manchen italienischen Höfen erfolglose Versuche gemacht ihn seinem Vaterlande zurückzugewinnen. Er war unzufrieden von Italien fortgegangen, das, wie er glaubte, seine Verdienste nicht genügend anerkannte, und wo man ihm eine Pfründe, um die er sich bewarb, nicht gewähren wollte. „Jedermann" — schrieb er 1736 an den Cardinal Gentili — „findet ein Asyl in seiner Heimat, nur ich bin gezwungen worden in's Exil zu gehen, um mir eine Existenz zu gründen, weil ich, obwohl für die Ehre meines Vaterlandes thätig, in diesem nichts als Verleumdung und Herabsetzung fand."

Mit der Zeit fand er es aber in diesem Exil immer behaglicher, und als ihn im Mai 1754 sein ehemaliger Lehrer Papst Benedict XIV. einlud nach Rom zu kommen, lehnte er es mit Ausdrücken von Dankbarkeit und Verehrung für die Kaiserin ab, „die selbst in den neuen Sorgen um den Thron den Gedanken, mich bei sich zu behalten, nicht aufgab, die selbst jetzt, wo ich über die geringe Last meines Dienstes erröthen muss, nicht ermüdet mich mit Wohlthaten zu überhäufen."

In einem auf diese Einladung Bezug habenden vertraulichen Briefe an seinen Bruder äussert er auch seinen Zweifel, ob der Papst ihm ebensoviel Gehalt wie die Kaiserin zahlen werde; denn er wolle sich nicht mit schönen Hoffnungen abspeisen lassen; was freilich den Verdacht erweckt, dass er sich vielleicht unter besonders günstigen Bedingungen hätte bewegen lassen auf einige Zeit nach Rom zu gehen[1]).

Unter der Regierung der Kaiserin hat Metastasio auch Mehreres für den spanischen Hof, darunter 1756 das Drama

---

[1]) Karajan 91. 100. 108. 111. — Opere postume I. S. 185; III. S. 272.

„Niktetis" geschrieben. Für den österreichischen Hof schrieb er ausser vielen kleinen Festspielen und Oratorien und den bereits erwähnten Dramen „Antigonus" und „Hypermnestra" noch „Der Hirt als König" (zuerst 1751 in Schönbrunn aufgeführt), „Der chinesische Held" (1752 in Schönbrunn aufgeführt), „Clelia's Triumph" (1762), „Romulus und Hersila", 1765 zur Hochzeit des Erzherzogs Leopold und der Infantin Maria Louise von Bourbon in Innsbruck aufgeführt, und 1771 sein letztes Werk „Roger", zur Feier der Vermälung des Erzherzogs Ferdinand mit der Prinzessin Maria Beatrix von Este, bei welcher Gelegenheit Parini das Melodram „Ascanius in Alba" schrieb.

Metastasio zog sich dann vom Hofleben zurück, schrieb nur noch einige kleinere Gedichte und beschäftigte sich bis zu seinem am 12. April 1782 erfolgten Tode mit dem Studium der Poetik des Aristoteles, von der er eine erläuternde italienische Bearbeitung gab. Auch Horaz' Ars poetica hat er übersetzt und mit erläuternden Noten versehen.

Es heisst, dass er in seinem ganzen Leben nur fünfzig deutsche Worte erlernte, und Retzer, der ein Freund der Familie Martinez und auch mit Metastasio bekannt war, sagt, er habe nur so viel deutsch verstanden, um mit seinem Bedienten reden zu können. Aus seinem Briefe vom 21. Januar 1767 an die Gräfin Torres ist jedoch ersichtlich, dass er so viel deutsch verstand, um die Uebersetzung eines seiner Gedichte beurtheilen zu können.

Von seinem Vermögen vermachte er den grössten Theil dem Custos der Hofbibliothek, Joseph Martinez, der dann Metastasio's Manuscripte und die Copien seiner Briefe der Hofbibliothek schenkte. Die anderen Söhne des alten Martinez erhielten Legate von je zweitausend, die beiden Töchter von je zwanzigtausend Gulden. Auch verfügte Metastasio in seinem Testamente, dass sein Körper zu wissenschaftlichen Zwecken secirt werden solle [1]).

Metastasio wurde in der Michaelerkirche beigesetzt, wo eine Marmortafel mit der Inschrift aus seinem im Jahre 1733 gedichteten Sonett (Opere II. 612) an den frommen Dichter erinnert.

---

[1]) Retzer S. 30. 37. 38. 46. — Tipaldo l. c. VII. S. 42. — Metastasio's Testament in Opere postume III. S. 363—379.

Sub ara sanctae crucis requiescit Petrus Metastasio.
Sogno della mia vita è il corso intero.
Deh tu, Signor, quando a destarmi arrivo,
Fa ch' io trovi riposo in sen del Vero.

Im Jahre 1854 wurde ihm in der Minoritenkirche (der italienischen Kirche in Wien) ein Denkmal errichtet mit der einfachen Inschrift: A Pietro Metastasio.

Metastasio's Dramen und Singspiele wurden zuerst meistens von Vinci und Caldara, dann von Hasse und Reuter in Musik gesetzt; später hat Gluck viele seiner bereits von Anderen componirten Stücke in Musik gesetzt. Als seine „Semiramis", „Olympia" und „Alexander" in Petersburg aufgeführt wurden, schrieb Manfredini die Musik dazu. So war damals der Text seiner Dramen das Feststehende und die Musik wechselte mit den Bühnen, während bei den modernen Opern die Musik als das Wichtigste gilt, und derselben Partitur manchmal, besonders aus Censurrücksichten, verschiedene Texte unterlegt werden.

Unzählig sind die Ausgaben von Metastasio's Werken und sehr zahlreich die Uebersetzungen. Wie sehr sie in ganz Europa beliebt waren sieht man auch daraus, dass die Kaiserin Katharina von Russland achtzig Exemplare der grossen Prachtausgabe seiner Werke bestellte.

Obwohl Metastasio von sich sagte, dass er nicht für die Etikette und geräuschvolle Pracht der Höfe, sondern für ein ruhiges arkadisches Leben geboren sei, so war doch kein Mensch so wie er zum Hofpoeten geeignet. Sein conciliantes sanftes Wesen machte ihm überall Freunde, und schmeicheln konnte er süsser als jeder Höfling. „Man kann an jedem Tage seinem Fürsten schmeicheln", schrieb er an Broschi; und seine Schmeichelei klingt schon manchmal wie Ironie, so wenn er diesem, dem spanischen Hofsänger und Minister schreibt: „Nachdem sich Dein königliches Orakel (Ferdinand VI.) zu Gunsten meines Regulus ausgesprochen, mache ich mir nichts aus Sophokles, Euripides und dem ganzen Parnass Athens. Dieses erhabene Urtheil, worauf ich stolz sein kann, hat einen ganz anderen Werth als alle alten Griechen[1]."

---

[1] Karajan S. 107. — Briefe an Broschi v. 8. März 1749 und 15. September 1750 (Opere postume I. S. 299. 397).

Alfieri, der den ganzen Sommer des Jahres 1769 in Wien zubrachte und damals noch ein grosser Franzosenfreund und Republikaner war, führt zwei Ursachen an warum er die Gelegenheit nicht benutzte, um mit Metastasio bekannt zu werden; nämlich die classischen Vorlesungen, welche jeden Abend beim Dichter gehalten wurden und „eine Reverenz, welche er den Hofdichter seiner Souveränin mit serviler Heiterkeit" machen sah. „Ich als junger Plutarchianer" — sagt er — „konnte mich nicht entschliessen, mit der einer despotischen Autorität vermietheten oder verkauften Muse Freundschaft zu schliessen¹)."

Wie sich diese republikanische Muse später gegen die französische Republik benahm, ist genugsam bekannt.

Auch uns, die wir weder des jungen noch des alten Alfieri extreme Meinungen theilen, und unsern heutigen Anschauungen mag ein wohlbestallter und besoldeter Hofpoet befremdlich erscheinen.

Aber bei dem damaligen Zustande des öffentlichen Lebens konnte ein Dichter von dem Ertrage seiner Feder nicht leben, und die vom Hofe bezogene Pension ersetzte also nur das Schriftstellerhonorar. Es ist für den Dichter unzweifelhaft erhebender und seines hohen Berufes würdiger, wenn er ganz unabhängig und sorgenfrei schaffen kann; aber wie selten sind die Dichter in dieser glücklichen Lage, und wie oft haben sie nur zwischen der Abhängigkeit von Einem oder der von Vielen zu wählen! Die Abhängigkeit vom grossen Publicum mag für den Epiker und Lyriker weniger schädlich sein als die von einem Hofe; aber für den Dramatiker, der ja ohnehin so sehr von äusseren Einflüssen abhängig ist, der für die Aufführung seiner Werke noch heutzutage so sehr auf die Gnade von Theaterdirectoren und Hoftheaterintendanten angewiesen, von der Theatercensur abhängig ist, war die Anstellung als Hofpoet, welche allen seinen Stücken die Aufführung sicherte, ihn von dem wechselnden Geschmacke

---

¹) Alfieri, vita scritta da esso, epoca III. cap. 8. Triest 1809. Bd. I. S. 111. Das Thema von Hofdichtern und Hofschriftstellern hat Alfieri in seinem Werke „Il principe e le lettere", das er zwei Jahre nach Metastasio's Tod, noch als Republikaner schrieb, ausführlich behandelt.

des Publicums unabhängig machte, gewiss nicht von Nachtheil. Freilich musste Metastasio bei der Wahl seiner Stoffe sich manchmal nach dem Willen des Hofes richten, durfte, wenn seine Dramen von hohen Personen aufgeführt werden sollten, keine grossen Bösewichte auftreten lassen, musste für Rollen mit anständigem Costüm sorgen u. s. w.; aber dafür war er nicht genöthigt wie mancher moderne dramatische Dichter dem überreizten Geschmacke des Publicums zu dienen, seinen Werken immer schärfere Ingredienzen beizumischen, musste nicht, um Zuschauer in's Theater zu locken seine Stücke mit den Reizmitteln unanständiger und unsittlicher Situationen ausstatten.

Metastasio suchte nur auf edle reine Weise zu unterhalten, und konnte daher selbst einen so heikeln Stoff wie „Achill bei der Tochter des Lykomedes" auf unverfängliche Weise behandeln, während man heutzutage ein solches Sujet entweder gar nicht auf die Bühne zu bringen wagen oder daraus eine schmutzige Operette machen würde.

Metastasio hat beinahe dreissig grosse Dramen, bei vierzig Oratorien, kleine Singspiele, Cantaten und viele Gedichte geschrieben; aber in keinem einzigen seiner Werke findet sich etwas Unanständiges oder Unmoralisches, etwas das selbst das empfindlichste Gefühl verletzen könnte. Diesen reinen und edlen Dichter hat das leichtsinnige, frivole achtzehnte Jahrhundert bewundert und vergöttert, während er jetzt vergessen und verschmäht ist.

Es waren nicht nur die Fürsten und Höfe, welche ihn bewunderten, nicht blos die Italiener und Oesterreicher, welche ihn als den grössten Dichter ihrer Zeit betrachteten. Voltaire war ein grosser Bewunderer seiner Dramen, und sagte von einigen Scenen seines Titus: „sie sind dem Schönsten, das je die Griechen geschaffen, gleich, wenn nicht besser; Metastasio ist hier wie Corneille, wenn er kein Declamator, wie Racine, wenn er nicht schwächlich ist". Rousseau nannte ihn: „le seul poëte du coeur, le seul génie fait pour emouvoir par le charme de l'harmonie poétique et musicale", und ermahnte die jungen Musiker sich an seinen Werken zu begeistern. Ein Brasilianer schrieb ihm, dass seine

Dramen in Südamerika von Menschen bewundert wurden, die nicht einmal wussten, dass es ein Wien auf der Welt gäbe[1]).

Metastasio ging mit dem italienischen Sprachschatze sehr sparsam um; aus seinem reichen Vorrath von Worten hat er nur sechs bis sieben Tausend benutzt; aber er wusste die wohllautendesten und edelsten zu wählen. Fast unerreichbar sind die Präcision, Klarheit und Melodie seiner Sprache. Seine Verse haben etwas so Einschmeichelndes, dass sie das Ohr gefangen nehmen und im Gedächtniss haften bleiben.

Sollen wir einem anderen italienischen Dichter des achtzehnten Jahrhunderts glauben, so verdrängte Metastasio den Sänger des befreiten Jerusalem aus dem Gedächtnisse des Volkes:

> Wo sonst von Erminia man hörte singen,
> Aus Titus nur und Xerxes Verse jetzt erklingen.

sang Bertola vor nahezu hundert Jahren.

Beinahe ein halbes Jahrhundert nach dem Tode des Dichters hatte das Volk noch manche seiner Gedichte im Kopfe und im Herzen behalten, und als die Revolution in Neapel ausbrach, da sang das Volk die Verse des Hofdichters, in denen er seine Befreiung aus den Banden einer launischen Geliebten besungen hatte:

> Non sogno questa volta
> Non sogno libertà.

Diesmal ist die Freiheit kein leerer Traum[2]).

Sonderbar! Sechzig Jahre früher hatte in der Burg zu Wien die kleine Erzherzogin Karolina, welche dann so traurige Erinnerungen in Neapel zurückliess, Metastasio's Verse declamirt, und jetzt sang das befreite Volk von Neapel die Verse des Hofdichters.

Es ist nicht zu leugnen, dass sich neben den vielen entzückend schönen melodiösen Versen Metastasio's, neben solchen wie „Ragion — Non l'ha chi non la perde in questo stato" (Nitteti II. 8), von dem Lessing's „wer über gewisse Dinge den Verstand

---

[1]) Voltaire, dissertation sur la tragédie, vor seiner „Semiramis". — Rousseau, Dictionnaire de la musique, article Génie. — Carducci, della poesia melica italiana. XXIV. — Opere postume III. S 93.

[2]) G. Carducci, della poesia melica italiana, in seiner Ausgabe der Poeti erotici. Florenz 1868. S. XXVI—XXVII.

nicht verliert, der hat keinen zu verlieren" fast wie eine Uebersetzung aussicht, sich auch manche falsche und unpassende Bilder, gezwungene Antithesen, Concetti im Geschmacke Marino's, finden; aber das Schöne überwiegt bei weitem. Er hat freilich auch den Fehler, dass alle Personen seiner Stücke, die Könige sowohl als die Hirten, die edlen Menschen und die Bösewichte dieselbe wohlcadencirte, glatte, vornehme Sprache reden, sich derselben gewählten Ausdrücke bei den gewöhnlichsten unbedeutendsten Veranlassungen bedienen:

„Reich mir in glänzendem Krystall das goldene Nass",

sagt seine Semiramis, wenn sie ein Glas Wein verlangt.

Auch sind seine Helden, mögen sie nun Griechen, Römer oder „Barbaren" sein, einander sehr ähnlich, haben fast gar keine nationale, charakteristische, sondern immer dieselbe pastorale oder ritterlich romantische Physiognomie.

Man könnte ihm auch eine gewisse Monotonie in den Arien, die allzu häufig vorkommenden Gleichnisse aus dem Seewesen vorwerfen. Was uns aber noch mehr ermüdet und am meisten dazu beigetragen hat ihm die Gunst des modernen Publicums zu entziehen, das ist die Aehnlichkeit der Pläne seiner Stücke, das Ueberwiegen des lyrischen Elements, die gleichmässige Verliebtheit fast aller seiner Helden und Nebenpersonen, und der grosse Mangel an interessanten charaktervollen Bösewichten.

Wir räumen auch heute der Liebe einen grossen Platz auf der Bühne ein, aber wir können doch einen verliebten Cäsar, Alexander oder Hadrian im Theater nicht ertragen. Wie sonderbar würde es uns vorkommen, wenn Shylok in Portia oder Nathan der Weise in Sittah verliebt wäre, und doch wäre es gewiss der Fall, wenn diese Personen in einem Drama Metastasio's vorkommen würden. Gewöhnlich ist bei ihm der erste Held oder die Heldin voll Edelmuth und Grossherzigkeit, und verliebt; aber Freundschaft, Pflicht, Ehre oder irgend ein anderes edles Gefühl streiten gegen die Liebe. Der zweite Held oder Intrigant ist gewöhnlich einer früheren Geliebten untreu geworden und Rival des Ersten. Aus diesen widerstreitenden Gefühlen ergeben sich zwar mitunter interessante Conflicte, aber der unvermeidliche „gute Ausgang" lässt es zu keiner erschütternden reinigenden Katastrophe kommen. Dem Schicksal „welches den Menschen erhebt, wenn es den Menschen zermalmt" ging Metastasio aus dem Wege. Deshalb nehmen wir zwar Antheil an den Personen seiner Dramen, aber wir werden nicht fortgerissen, weil wir ja wissen, dass alles glimpflich ablaufen wird. Am Schlusse setzt sich die Tugend zu Tisch, und das Laster — das bereuende Laster wird manchmal auch zu Tische gebeten und bekommt eine gar nicht zu verachtende Portion der Mahlzeit. Der Intrigant und Bösewicht wird vom grossmüthigen edlen Helden begnadigt, der treulose Liebhaber kehrt zu der Verlassenen zurück, und wird wie der verlorene Sohn aufgenommen.

Die übertriebene Grösse seiner Helden, welche die Bewunderung seiner Zeitgenossen erregte, lässt den modernen Leser kalt, ja macht auf ihn manchmal beinahe den Eindruck des Lächerlichen. „Wie gross und erhaben ist er im Schildern der edlen Charaktere" — sagt Andres in seiner Literaturgeschichte. — „Seine Themistokles, Regulus, Titus sind nicht mehr wie sie uns die Geschichte schildert, schwache gebrechliche Menschen, sie haben etwas Erhabenes, Heroisches, Göttliches[1]." Wir Modernen aber wollen nur Menschen auf der Bühne sehen, und wenn sie Helden sind, sollen sie nur menschlich begreifliche Helden sein, die auch manchmal vom Kothurn heruntersteigen.

Trotz aller dieser übermenschlichen Helden ist Metastasio's Poesie ein klarer, ruhig fliessender, nicht gar tiefer Bach. Sanft gleitet er zwischen blumigen Wiesen hin; wir hören sein gefälliges Geplätscher, wir sehen die glatten glänzenden Kiesel, hie und da auch eine prächtige Perle auf seinem Grunde. Wir können stundenlang an seinem Ufer sitzen, uns an seinem melodiösen Gemurmel erfreuen, ohne viel dabei zu denken. In seiner ruhigen Wasserfläche spiegeln sich bald die glänzende Sonne, bald der sanfte Mond, glänzende Lichter flimmern auf seiner Oberfläche, manchmal weht ein frischer Lufthauch und es kräuseln sich lebhafter die Wellen, aber es kommt nie zum Sturm. Es ist ein freundlicher, gutmüthiger Bach, in dessen klaren Wassern bunte Fischlein ihr munteres Spiel treiben. Wir können

---

[1] Andres l. c. II. 387.

furchtlos an seinem Ufer ruhen, uns auch in kleinem Nachen seinen Wellen anvertrauen; aber er trägt keine Dreimaster. Es ist nicht der unendliche sturmgepeitschte Ocean Shakespeare's, der uns mit Ehrfurcht und Schrecken erfüllt, aber auch zu fernen, wundervollen Ländern bringt, uns mit den merkwürdigsten und verschiedenartigsten Reisegefährten zusammenführt. Es ist aber auch kein reissender Bergstrom, der schäumend und tosend herabstürzt, die Ufer überschwemmt, mit Schlamm und Geröll bedeckt, in seinem Ungestüm Häuser und Bäume fortreisst.

Wiederholt muss es aber betont werden, dass bei der Beurtheilung Metastasio's seine Abhängigkeit von der Musik nicht ausser Acht gelassen werden darf. Die Tragödie singt nicht, hat Alfieri gesagt, und — setzen wir hinzu — wenn sie eine Tragödie sein soll, muss sie ohne Rücksicht auf die Musik gedichtet werden. Metastasio schrieb aber seine Dramen immer mit Rücksicht auf die musikalische Begleitung; er schrieb sie, wie einer seiner Biographen sagt (wörtlich, nicht figürlich) mit der einen Hand auf den Tasten des Claviers[1]). Wenn sie trotzdem, blos recitirt oder gelesen, noch Genuss gewähren, so ist es gewiss ein Zeichen innern Werthes; aber wir thun dem Dichter doch vielleicht Unrecht, wenn wir ihn und seine Werke nur nach diesem Eindruck beurtheilen.

Der Dichter des „Titus", des „Aetius", des „Cyrus" und „Themistokles" wäre auch ganz unabhängig von der Musik kein Shakespeare oder Schiller geworden; aber er würde, wenn er sich freier bewegt hätte, bei der Nachwelt vielleicht in höherm Ansehen stehen als Corneille oder Racine, die er, selbst in den Fesseln der Musik, an dramatischem Gehalt manchmal erreicht, an Schönheit und Wohllaut der Sprache übertrifft.

3. Joh. P. Tagliazucchi.

Während des Jahres 1750 lebte auch Joh. P. Tagliazucchi aus Brescello (geb. 1716) als kaiserlicher Theaterdichter

---

[1]) Tipaldo l. c. VII. S. 42. — Vergl. auch seinen Brief an die Fürstin Belmonte, in Opere postume. I. S. 384.

in Wien, wo er nur das Drama „Eurydice" schrieb. Er verliess Wien im Jahre 1751 und trieb sich zwölf Jahre an verschiedenen deutschen Höfen herum, wo seine Stücke mit Beifall aufgenommen wurden. Er schrieb in Dresden, Berlin, München und Stuttgart für die Hoftheater, und übersetzte auch Kleist's Frühling in's Italienische. Im Jahre 1763 kehrte er nach Modena zurück, wo er fünf Jahre darauf starb [1]).

Am Wiener Theater waren zu jener Zeit fast nur Italiener angestellt, so finden wir z. B. im Staats- und Standkalender für das Jahr 1750 unter dem „Theatral Staat" noch Ercolini als Metastasio's Copist, dann Bibbiena als Ingenieur, Zilli als Inspector, Altomonte als Zeichner und Brunelli als Maschinist aufgeführt.

4. Clemens Bondi.

Während der Regierung der Kaiserin kam auch der Dichter und Exjesuit Clemens Bondi aus Parma (1742—1821) in nähere Beziehungen zum österreichischen Hofe. Er genoss zu jener Zeit als lyrischer und didaktischer Dichter grosse Popularität.

Wie die österreichische Nationalencyklopädie sagt, „machte ihn seine leichte und gefällige Schreibart zum Liebling gebildeter, zartfühlender Frauen." Ob er sich diese Liebe auch durch sein Lehrgedicht über die Mode, und besonders durch die schönen zarten Verse über den Nutzen des Kammes, der den Kopf reinigt,

> Dai furtivi abitatori insetti,
> Che di teste volgari ospiti un tempo
> Ottengon' oggi per tuo mezzo, o Dea
> In piu nobile crin sicuro albergo.

erworben hat, möchte jedoch zu bezweifeln sein.

Bondi's Erstlingswerk „La giornata villereccia" (der ländliche Tag) in achtzeiligen Stanzen, wird von Andres und Maffei ausserordentlich gelobt, während Ticozzi es gemein und pedantisch nennt, und muss ich mich dem Urtheile des Letzteren über diese plumpe Nachahmung der grossen witzreichen italienischen Epiker anschliessen. Den grössten Raum nehmen in diesem Gedichte ein:

---

[1]) Tiraboschi. Biblioteca modenese. V. S. 164—167. — Lombardi. lib. III. cap. III. 84. Bd. V. 217.

Die Beschreibung der Esel, auf welchen die jungen Leute ihren Ausflug auf's Land machten; die langweilige Schilderung der Bereitung des Kaffee's und der „Polenta mit kleinen Vögeln". Unter letzteren figurirt auch eine von Tirsis geschossene Nachtigall, wozu der Dichter die pedantische Anmerkung macht: „Damit ist seine Excellenz der Herr Alvise Pisani, Patricier von Venedig, gemeint, auf dessen Liebe zur Jagd hier angespielt wird. Wollte ich hier alle seine Vorzüge aufzählen, so würde es zu viel Raum einnehmen." Dies Alles um eine erschossene Nachtigall!

Besser sind seine „Conversazioni", in welchen er die Langweile und Steifheit der gesellschaftlichen Unterhaltungen und Soiréen seiner Zeit zu schildern unternimmt, und welche manche hübsch gezeichnete Porträts aus der „Gesellschaft" enthalten. Sie würden vielleicht mehr gefallen, wenn die nicht eben gelungene Nachahmung Parini's nicht so sehr am Tage läge. Dieser selbst sagte in Bezug auf Bondi's Lehrgedichte, er habe es vorausgesehen, dass er viele schlechte Nachahmer finden werde.

Ausser den erwähnten und noch einigen kleineren didaktischen Gedichten, sowie mehreren religiösen Liedern, schrieb Bondi noch viele Sonette, worunter sechs auf die Vermählung des Kaisers Franz, zwei auf die Kaiserin Maria Theresia und eines auf den Regierungsantritt Kaiser Josephs.

Wie er selbst sagt, enthalten seine Gedichte weder Philosophie noch politische oder sonstige ernste Gedanken. Er behandelt mit Vorliebe unbedeutende Dinge mit grosser Wichtigkeit, erhebt sich fast nie über die Alltäglichkeit und weiss nie in die Tiefen des Herzens einzudringen. Man sieht es allen seinen Gedichten an, dass sie keinem inneren Bedürfnisse, keiner poetischen Begeisterung ihre Entstehung verdanken. Auch seine Uebersetzungen aus Virgil und Ovid haben nicht vielen Werth.

Nach Aufhebung des Jesuitenordens, aus welcher Veranlassung Bondi ein satyrisch-allegorisches Gedicht schrieb, das ihm viele Feinde zuzog, trat er in die Dienste des Erzherzog Ferdinand, Sohn der Kaiserin Maria Theresia, welcher im Jahre 1771 die vom Kirchenhistoriker Oltrocchi erzogene Prinzessin Maria Beatrix von Este, Tochter des Herzogs Hercules III. von Modena geheiratet hatte. Als Erzieher der Kinder des Erzherzogs und Bibliothekar der Erzherzogin folgte er ihnen im Jahre 1797 von Mailand nach Wien, wo er bis zu seinem Tode blieb ¹).

Bondi's Gedichte wurden einzeln oft gedruckt, und im Jahre 1808 veranstaltete er selbst eine der Erzherzogin Maria Beatrix gewidmete Gesammtausgabe seiner poetischen Werke, welche in Wien in drei starken Bänden erschien. Das Gedicht über die Aufhebung des Jesuitenordens findet sich jedoch nicht darin. Wahrscheinlich rechnete es der Verfasser zu jenen, welche er „bei reiferem Urtheil für zu schwach oder aus anderen Gründen, zur Aufnahme in diese Ausgabe ungeeignet" hielt. Eine deutsche prosaische Uebersetzung seiner Mode, die aber jetzt kaum mehr lesbar ist, erschien 1781 im fünften Bande von Jagemann's Magazin der italienischen Literatur.

5. Andere Lyriker (Graf Florio, Aurelio Bertola).

In den letzten Regierungsjahren der Kaiserin wurde sie mit italienischen Gelegenheitsgedichten überschwemmt. „Hochzeiten, Todesfälle, Geburten und Wiedergenesungen in der kaiserlichen Familie gaben", wie Metastasio in seinem Briefe vom 8. August 1768 an Mattei sagt, „Veranlassung, dass sich eine Fluth von Gedichten aus der Lombardei, Toscana, Rom und Neapel über den Wiener Hof ergoss, so dass die Kaiserin davon bis zum Ekel übersättigt wurde."

Die Namen aller dieser Gelegenheitsdichter sind wohl längst vergessen; doch müssen wir einen erwähnen, von dem sein Freund Metastasio sagte, dass er sich durch langjährige Uebung einen schönen poetischen Styl angeeignet hätte. Es ist dies

Graf Daniel Florio aus Udine (1710—1789), welcher sich auch einige Zeit in Wien aufhielt; ein gelehrter Dichter, der jedes glückliche Ereigniss am österreichischen Hofe mit einem eleganten und frommen Gelegenheitsgedichte feierte, wofür ihm

---

¹) Andres l. c. II. 189. — Maffei l. c. lib. VI. cap. 4. vol. IV. 106 bis 108. — Corniani l. c. epoca decima. vol. II. 504. — Lombardi l. c. libro III. cap. I. 11. lib. III. cap. III. 37. Bd. IV. S. 80. V. S. 102. — Sismondi, chap. 22. vol. III. 78—80. — Oesterreichische National-Encyklopädie. I. S. 351. — Vehse, IV. 243. VIII. 50.

die Kaiserin den Titel eines Kammerherrn verlieh. Man nannte ihn den Poeten der Souveräne und den Souverän der Poeten [1]; doch ist nur der erste Theil dieser Benennung richtig.

Bedeutender ist der Mönch Aurelio Bertola aus Rimini (1753—1798), der einige Zeit in der österreichischen Armee diente, und dann wieder in sein Kloster zurückkehrte. Er benutzte seinen Aufenthalt in Oesterreich zur gründlichen Erlernung der deutschen Sprache, scheint aber mit dem Hofe nicht in Berührung gekommen zu sein. Im Jahre 1783 kehrte er nach Italien zurück und erhielt eine Professur in Pavia.

Er übersetzte Gessner's Idyllen ins Italienische, und trug auch durch andere Schriften zur Verbreitung der Kenntniss der deutschen Literatur in Italien bei. Unter seinen prosaischen Werken verdienen seine „Philosophie der Geschichte", deren Styl aber sehr getadelt wird, und seine „Rheinreise" in Briefen, welche hübsche landschaftliche Schilderungen enthält, besondere Erwähnung. Seine Sonette zeichnen sich nicht durch Anständigkeit aus. Recht hübsch sind seine Fabeln, sowie die von christlicher Philosophie erfüllten Clementinischen Nächte, in denen er Papst Clemens XIV. feierte [2]).

6. Graf Gabriel Verri, Alphons Longo, Granelli, Franceschi.

Kurze Erwähnung verdienen noch:

Graf Gabriel Verri (1696—1782), der Vater berühmterer Söhne, ein tüchtiger und gelehrter Mailänder Jurist, der 1747 einen „Apparatus ad historiam juris mediolanensis" herausgab und andere rechtshistorische Werke schrieb. Er hatte schon unter der Regierung Karl's VI. Wien besucht, ward dann von der Kaiserin zum Generalfiscal in der Lombardei ernannt, zu verschiede-

---

[1]) Wurzbach. IV. S. 268. — Lombardi. libro III. cap. III. 20. Bd. V. S. 55. — Metastasio's Briefe an Mattei, in Opere postume. III. 16 und 196.

[2]) Lombardi. libro III. cap. III. 38. Bd. V. S. 104. — Sismondi, chap. 22. vol. III. S. 76. — Andres. II. S. 81. 473. — Corniani (Ticozzi). II. S. 555. — Carducci l. c. S. LXIV—LXVII.

nen diplomatischen Missionen benutzt, und kam später als Mitglied des italienischen Raths wieder nach Wien.

Auf der Wiener Hofbibliothek finden sich handschriftlich (Cod. 5535—38, 5540 und 5541) seine dem Kaiser Joseph (1765) und demselben noch als Erzherzog (1761) gewidmeten „Memorie istorico-politiche dell' Austriaca Lombardia" und „Istoria della Austriaca Lombardia" (S. Tabulae codicum manuscriptorum in bibliotheca palatina vindobonensi asservatorum, tomus IV. Wien 1870.)

Ferner Alphons Longo aus der Brianza († 1804), einer der Mitarbeiter der Mailänder Zeitschrift „Il caffé" und Nachfolger Beccaria's auf dem Lehrstuhle der Nationalökonomie, welcher einige Zeit in Wien lebte.

Endlich die Kanzelredner: Johann Granelli († 1770) und Domenico Franceschi († 1777). Ersterer schrieb ausser seinen Predigten auch vier Trauerspiele, in welchen keine Frauen vorkommen[1]).

---

[1]) Lombardi. libro II. cap. II. 44 Bd. II. S. 120. libro III. cap. V. 18. 20. Bd. V. S. 310, 315—317. libro II. cap. IV. 10. Bd. IV. S. 25. Nach Muratori (lettere inedite 508) ist der Titel von Verri's Werk: „Constitutiones Dominii Mediolanensis, decretis et senatus consultis illustratae."

VI.
Joseph II.

Die italienischen Gelehrten und Schriftsteller, welche die Protection der Kaiserin genossen hatten, erfreuten sich auch der Gunst ihres grossen Sohnes, dessen erste Gemalin, Prinzessin Maria Isabella von Parma, zwar von den spanischen Bourbons abstammte, aber seit ihrem achten Jahre, da ihr Vater die Regierung von Parma übernommen hatte, in Italien erzogen worden war. Sie schrieb aber trotzdem ihre politischen, historischen und religiösen Aufsätze in französischer Sprache[1]).

Unter den Italienern, welche erst unter der Regierung dieses Kaisers, der auch mehrmals Italien bereiste, mit dem Hofe in Berührung kamen, verdienen besonders der Arzt Brambilla und der Dichter Casti genannt zu werden.

1. Johann Alexander Brambilla

aus der Provinz Pavia (1728—1800) machte seine Studien an der Universität von Pavia, diente dann als Arzt in der österreichischen Armee und begleitete den Erzherzog Joseph, als dieser von der Kaiserin zum Mitregenten ernannt wurde, bei der Besichtigung der Spitäler in den österreichischen Staaten.

Besonders verdient machte er sich bei der Gründung des medicinisch-chirurgischen Instituts (Josephinum) im Jahre 1785, dessen erster Vorsteher er ward und dessen Verfassung und Statuten von ihm ausgearbeitet wurden, so dass man dieses Institut fast sein Werk nennen könnte. Der Kaiser überhäufte ihn mit Auszeichnungen, ernannte ihn zu seinem Leibarzt, verlieh ihm die Herrschaft Carpiano und liess seine Büste in der Universität Pavia aufstellen. Brambilla blieb bis zu seiner Pensionirung (1795)

---

[1]) Arneth l. c. Bd. I. cap. 12. S. 39. 40 und Anmerkungen dazu.

Leiter des Josephinums, und kehrte dann nach Italien zurück, wo er fünf Jahre darauf starb. Von seinen wissenschaftlichen Werken, die alle nur mittelmässigen Werth haben, ist hier nur die „Storia delle scoperte fisico-mediche anatomiche e chirurgiche" (3 Bände, Mailand 1780), eine Art Geschichte der Medicin, deren erster Theil auch in's Deutsche übersetzt wurde, zu erwähnen [1]).

2. Johann Baptist Casti.

Johann Baptist Casti, im Jahre 1721 in Montefiascono (nach Einigen in Prato) geboren, hatte Theologie studirt, dann Rom und Paris besucht, und war 1764 nach Florenz gekommen. Durch einige Gedichte zur Feier der Hochzeit des Grossherzogs Leopold erwarb er sich den Titel eines toscanischen Hofpoeten mit einem Gehalte von 300 Scudi.

Als Kaiser Joseph noch als Kronprinz im Jahre 1769 Florenz besuchte, lernte er den graziösen Dichter und geistreichen Abbate kennen, und gefiel er ihm so sehr, dass er ihn veranlasste nach Wien zu kommen. Von da hatte Casti dann Gelegenheit als Reisebegleiter des jungen Fürsten Kaunitz die Höfe Europa's und besonders den Petersburger kennen zu lernen. Nach Wien zurückgekehrt bewarb er sich um das durch Metastasio's Tod erledigte Amt eines Hofpoeten, und obwohl er in der That dort als dessen Nachfolger wirkte, erhielt er doch vollen Titel und Gehalt erst mehrere Jahre später.

Casti hatte eine sehr angenehme Stellung in Wien; er genoss die Gunst des Kaisers und war in den angesehensten Kreisen gern gesehen. Allein sein nicht besonders geistreiches Tartaren-Gedicht (Poema Tartaro), in dem er den Kaiser sehr gelobt aber seine Verbündete die Kaiserin Katharina von Russland gar nicht geschont hatte, veranlasste den Kaiser Joseph ihn auf die huldvollste Weise von Wien zu entfernen. Er liess ihn nämlich eines Abends in seine Loge rufen und überreichte ihm 300 Ducaten mit den Worten: Auf Reisekosten!

---

[1]) Lombardi. libro II. cap. II. 129. 130. Bd. III. S. 318–20. — Oesterr. National-Encyklopädie. I. S. 363. — Wurzbach. II. S. 108.

Nach einer Abwesenheit von einigen Jahren, welche Casti benutzte, um Constantinopel zu besuchen, kam er nach Wien zurück, wo er am Hofe wieder huldvoll aufgenommen wurde. Er wohnte im fürstlich Liechtensteinischen Hause in der Brunngasse, einer engen Seitengasse der Herrengasse.

Als Kaiser Leopold seinem Bruder auf dem Throne nachfolgte, begrüsste ihn Casti mit den Worten: „Euere Majestät haben avancirt, so hoffe ich auch zu avanciren." Doch konnte er auch unter der Regierung dieses ihm wohlgesinnten Monarchen die so sehnlich gewünschte Hofpoetenstelle noch nicht erhalten; und wenige Jahre, nachdem er sie von dessen Nachfolger Kaiser Franz erhalten hatte, verliess er im Jahre 1797 die österreichische Kaiserstadt und ging über Italien nach Paris, wo er bis zu seinem im Alter von 82 Jahren erfolgten Tode (1803) blieb.

Trotzdem er ein so hohes Alter erreichte und ausserordentlich leicht und schnell schrieb, ist die Zahl seiner Werke nicht gross. Ausser einigen in Wien geschriebenen, ziemlich unbedeutenden Theaterstücken („König Theodor von Corsica", „Catilina", als komische Oper, „Kublai Khan", eine Satyre auf Peter den Grossen u. s. w.) schrieb er dort auch seine politischen Apologe, welche Satyren auf den russisch-österreichisch-türkischen Krieg und die Theilung Polens enthalten, so wie einen grossen Theil seiner geistreichen Novellen, in graziös gebauten, manchmal an Ariost erinnernden Stanzen. Er bekennt sich offen als Nachahmer Boccaccio's, und hat seinen Meister oft erreicht, ihn aber fast immer an Schlüpfrigkeit von Inhalt und Form übertroffen.

In Bezug auf Casti's Bedeutung als dramatischer Dichter erzählt der Fürst von Ligne eine köstliche Anekdote: Eines Tages sagte Kaiser Joseph zu Casti: „Der Grossfürst von Russland kommt dieser Tage nach Wien, schreiben Sie den Text zu einem kleinen Drama." Und wer wird die Musik dazu liefern? frug der Dichter. „Die ist schon von Salieri besorgt." — „Das ist ja eine völlige Umkehr aller Ordnung" rief der bestürzte Hofpoet, und schrieb aus Aerger einen Text unter dem Titel: „Zuerst die Musik und dann der Text".

Ob die Anekdote wahr ist oder nicht, so stellt sie jedenfalls in plastischer Weise den Uebergang von den mitunter gehaltvollen und poetischen Musikdramen des achtzehnten Jahrhunderts zu der Dutzendwaare der modernen Operntexte dar. Die Umwandlung erfolgte wohl nicht so plötzlich auf den Befehl eines Kaisers; aber sie zeigt sich am deutlichsten bei Casti, und so kann uns sein „Prima la musica e poi le parole" als literarhistorischer Grenzstein auf diesem Gebiete dienen.

Sein bedeutendestes Werk ist das in Wien begonnene, aber grösstentheils in Paris geschriebene komische Epos „Die redenden Thiere", zu dem ihm wohl Goethe's „Reineke Fuchs" die Idee gab. Während jedoch im deutschen Gedichte das allgemein Menschliche überwiegt ist das italienische vorzüglich eine Satyre auf die absolute Monarchie, auf das Treiben am russischen Hofe, und zum Porträt der Königin Löwin soll die Kaiserin Katharina gesessen haben.

Der von Herrschern und Höflingen gehätschelte und begünstigte Dichter war ein echtes Kind seines Jahrhunderts, und benutzte seine Kenntniss der Höfe um die bitterste Satyre auf sie zu schreiben, ein Werk wie es nur ein Republikaner, der jahrelang Höfling gewesen, schreiben konnte. Doch hat er darin auch die Demagogen nicht geschont [1]).

3. Lorenzo Da Ponte.

Casti's Concurrent um die Stelle eines Hofpoeten war ein getaufter Jude aus Ceneda, der sich nach dem Bischof, der seinen Uebertritt zum Christenthum veranlasst hatte, Lorenzo da Ponte nannte (geb. 1749). Als Lehrer in Treviso angestellt, zog er sich durch einige politische Schriften den Unwillen der venetianischen Regierung zu, verlor seine Stelle und musste die Staaten der Republik verlassen. Er kam 1779 nach Görz, gerade als in Teschen der Frieden mit Preussen durch den österreichischen Gesandten Grafen Johann Philipp Cobenzl geschlossen wurde, und widmete

---

[1]) Sismondi l. c. cap. XXII. Bd. II. S. 85. — Camillo Ugoni, della letteratura italiana nella seconda metà del secolo XVIII. Mailand 1856. Bd. I. S. 115—190. — Wurzbach. II. S. 306. — Oesterr. National-Encyklopädie. VI. S. 391. — Hof- und Staats-Schematismus der Haupt- und Residenzstadt Wien. 1796. S. 347 und Theil II. S. 10.

dessen Vater dem alten Grafen Guido Cobenzl eine Ode auf diesen Frieden. Er blieb acht Monate in Görz, wo er sich in den Kreisen der hier bereits erwähnten Akademie Sonciaca bewegte, ging dann nach Dresden, und kam von dort mit Empfehlungen an den berühmten Componisten Salieri versehen im Jahre 1780 nach Wien. Von diesem und Metastasio gut aufgenommen, bewarb er sich nach dem Tode des Letzteren ganz keck um die Stelle des kaiserlichen Hofpoeten.

Als er auf die Frage des Kaisers Joseph, was für Dramen er bereits geschrieben, antwortete: „noch kein einziges", sagte dieser: „also eine jungfräuliche Muse". Die Stelle Metastasio's erhielt nun Da Ponte freilich nicht; doch wurde er auf Verwendung Salieri's zum kaiserlichen Theaterdichter mit einem Gehalt von 1200 fl. ernannt.

Nach dem Tode Kaiser Josephs verlor er seine Stelle und verliess Wien. Er führte dann ein abenteuerliches Leben, das er in seinen interessanten Memoiren geschildert hat, und starb 1838 in Neu-York.

Während seines Aufenthalts in Wien hatte er, wie er er-erzählt, in eilf Jahren fünfzehn Dramen geschrieben, die aber jetzt mit Ausnahme der Textbücher zum „Don Juan" und zur „Hochzeit des Figaro", welche Mozarts Musik für die Unsterblichkeit rettete, mit Recht vergessen sind. Er schrieb auch lyrische Gedichte und ein hübsches episches Gedicht „Geschichte des Hundes und der Katze", welche 1788 unter dem Titel: „Saggi poetici dell'abbate Lorenzo da Ponte al servigio di Sua Maesta Cesarea" in Wien erschienen und dem Fürsten Ludwig Batthiani gewidmet sind. Da Ponte hat selbst den Werth seiner Werke und seine eigene literarische Bedeutung am richtigsten taxirt, als er sich, über achtzig Jahre alt, dem Sänger Garcia mit den Worten vorstellte: „Ich bin Mozart's Freund und der Dichter des Don Juan"[1]).

4. Joseph Carpani.

Gleichzeitig mit dem obenerwähnten Bondi war auch sein Biograph, der streitsüchtige Joseph Carpani (geb. 1752, †1825),

---
[1]) Wurzbach. II. 391. III. 162. — Tipaldo. S. 256 sq.

beim Abzug der Oesterreicher aus Mailand nach Wien gekommen. Er hatte bis dahin in Mailand eine conservative Zeitung (Il corriere milanese) herausgegeben, eine Elegie auf den Tod der Kaiserin Maria Theresia und ein Lustspiel geschrieben.

Von 1800 bis 1805 war er Theaterintendant und Censor in Venedig, und seine späteren Lebensjahre verbrachte er wieder in Wien.

Er hat auch viel über Kunst, besonders Musik geschrieben, übersetzte viele Libretti aus dem Deutschen und Französischen in's Italienische und dichtete im Mailänder Dialect. Sein Hauptwerk aber ist die ausführliche Biographie Haydn's (Le Haydine, Mailand 1812), wegen der er mit dem Franzosen Bombet lange Krieg führte [1]).

5. Joseph Lattanzi.

Der politische Schriftsteller Giuseppe Lattanzi (geb. 1762 im Kirchenstaat), der in einer Schrift die Rechte des Staates gegenüber der Kirche vertheidigt hatte, musste sich vor den Verfolgungen der Geistlichkeit, besonders der Jesuiten, wiederholt nach Wien flüchten, wo der Kaiser ihm seinen Schutz angedeihen liess, und ihn seinem Bruder, dem Grossherzog Leopold, empfahl, der seine gewandte Feder während des Concils von Pistoja benutzte. Als Leopold den kaiserlichen Thron bestieg, begleitete ihn Lattanzi nach Wien, und ward dann von ihm zum Secretär der Akademie der schönen Künste in Mantua ernannt. Nach dem Tode des Kaisers verlor Lattanzi sein Amt, und trat dann während der französischen Invasion der Lombardei in französische Dienste. Im Anfange dieses Jahrhunderts hatte er noch eine literarische Fehde mit Monti, und lebte noch mehrere Jahre in Mailand und Florenz [2]).

6. Casati, Graf Arrivabene, Graf d'Ayala.

Kurze Erwähnung verdienen noch: Christoph Casati aus Mailand (1722—1809), welcher eine Geschichte des Ursprungs der

---

[1]) Oesterr. National-Encyklopädie. I. 477. — Wurzbach. II. 290. — Corniani. II. 505. — Lombardi. libro III. cap. VII. 56. Bd. VI. 416.

[2]) Corniani. II. S. 536.

Dynastie Habsburg-Lothringen schrieb (Dell'origine delle auguste case d'Austria e di Lorena, Mailand 1792) und der modenesische Geschäftsträger Graf Johann Arrivabene, der Uebersetzer Hesiods, welcher im Jahre 1795 nach Wien kam, wo er eine Tragödie „Electra" schrieb [1]). Dann Graf Sebastian d' Ayala (geb. 1738 in Sicilien, gest. 1817 in Ragusa). Er trat jung in den Jesuitenorden, ging hierauf nach Rom und von dort nach Wien, wo er aus dem Orden trat. Er schrieb eine Apologie Joseph's II. in italienischer Sprache, eine „Lettera apologetica della persona e del regno di Pietro il grande" und ein Buch „Ueber Frei- und Gleichheit des Menschen und Bürgers" (Wien 1793), welches gleichzeitig deutsch, italienisch und französisch herauskam. Im Jahre 1795 gab er in Wien eine Auswahl der Briefe seines verstorbenen Freundes Metastasio und dessen Bemerkungen über das griechische Theater unter dem Titel „Opere postume del Sig. Ab. Pietro Metastasio" heraus. Auch arbeitete er längere Zeit an einem Werke „Sopra l'origine e la natura di tutte le istituzioni civili" [2]).

---

[1]) Oesterr. National-Encyklopädie. I. S. 481. 127.
[2]) Wurzbach. Bd. I. S. 97. — Ayala's Noten zu den Opere postume. III. S. 6. 97 und Metastasio's Brief an Boscowich (Opere postume. III. 285).

Schlussbemerkung.

Ueberblicken wir zum Schlusse noch einmal das von uns durchwanderte Gebiet, so finden wir, dass bis um die Mitte des achtzehnten Jahrhunderts das italienische Element das geistige Leben Wiens, ja beinahe ganz Oesterreichs fast ausschliesslich beherrschte. In der zweiten Hälfte des Jahrhunderts machten ihm deutsche und französische Einflüsse die Herrschaft streitig, welche es im neunzehnten ganz verlor. Doch ist sein günstiger Einfluss noch jetzt vielfältig zu spüren, und die Erinnerung an Italien wird durch viele Strassen, welche die Namen berühmter Italiener tragen (Petrarca, Columbus, Galilei, Raphael, Canova u. s. w.) in der Bevölkerung Wiens lebendig erhalten.

Politisch ist Oesterreich jetzt von Italien in gleicher Weise wie von Deutschland getrennt; aber so wie wir uns die geistige Verbindung mit Deutschland lebenskräftig erhalten haben, so möge auch das geistige Band zwischen Italien und Oesterreich nicht zerrissen werden.

Wissenschaft, Menschenliebe und fleissige Arbeit achten keine staatliche Grenzen, und nur sie können Versöhnung bringen und die Wunden heilen, welche das Schwert geschlagen hat.

Inhalt.

	Seite
Einleitung	1
I. Friedrich III.	3
Aeneas Sylvius Piccolomini	3
II. Karl V., Max II. und die Ferdinande	5
1. Luigi Alamanni	5
2. Peter Andreas Mattioli	5
3. Italienische Prinzessinnen	6
4. Kaiserin Eleonore	8
5. Italienische Akademie in Wien	10
6. Erzherzog Leopold Wilhelm	12
III. Leopold I. und Joseph I.	15
1. Italienische Sprache in Wien, italienische Akademie in Laibach.	15
2. Italienisches Theater in Wien	16
3. Dramatische Dichter (Federici, Santinelli, Sbarra, Minati, Leporei, Negro, Bonarelli, Stampiglia, Bernardoni, Camuccio, Bonacossi, Abati) und Schauspieler	18
4. Lyrische und epische Dichter (Pierelli, Davia, Filicaja)	25
5. Lorenzo Magalotti	25
6. Graf Raimund Montecuccoli	26
7. Graf Ludwig Ferdinand Marsigli	28
IV. Karl VI.	31
1. Italienische Provinzen, Gräfin Althann	31
2. Pietro Giannone	32
3. Franz Anton Spada	39
4. Ludwig Anton Muratori	40
5. Anton Vallisnieri	40
6. Johann B. Gentilotti, P. N. Garelli, A. Riccardi, Gabriel Longobardi	41
7. Panagia, Anguisciola, Marinoni, Filippini, Paoli	42
8. Theater	43
9. Pietro Pariati	44
10. Apostolo Zeno	47
11. Claudio Pasquini	57
12. Hofbibliothek	59
V. Maria Theresia	61
1. Die Lombardei unter der Regierung der Kaiserin	61
2. Pietro Metastasio	62
3. Johann P. Tagliazucchi	83
4. Clemens Bondi	83
5. Andere Lyriker (Graf Florio, Aurelio Bertola)	85
6. Graf Gabriel Verri, Alphons Longo, Granelli, Franceschi	86
VI. Joseph II.	88
1. Johann Alexander Brambilla	88
2. Johann Baptist Casti	89
3. Lorenzo Daponte	91
4. Joseph Carpani	92
5. Joseph Lattanzi	93
6. Casati, Graf Arrivabene, Graf d'Ayala	93
Schlussbemerkung	95